# 速習英文法

印牧 敏幸【著】

英文校閲：Ashley Wilbur

　長年教職に携わり、多くの受験生の指導にあたってきましたが、昔も今も受験生の不安や相談に大きな差異はありません。その一つは、高校二年生の夏ごろになると、希望進路がほぼ明確になり、目標も定まっては来るのですが、多くの生徒が「何から始めれば良いのか？」「お勧めの参考書や問題集は何か？」「どこの予備校に行けばいいか？」「何を、どれだけ、どうやって？」……と質問にやって来ます。勿論、生徒は千差万別であり、それぞれの実力に応じたアドバイスはしますが、こうした生徒達の共通点は「基礎英文法力の欠如」に相違ありません。自らの学習方法を身に付けている生徒に、こうした質問は出ないのです。適切な量や質を厳選し、推薦書を幾つか紹介しているうちに、「毎年、本格的に受験勉強を始めようとしている受験生が、同じ事で悩み、壁にぶつかるのであれば、最初の一冊として最適な参考書を作ってしまおう」と考えるに到りました。

　本書では、重箱の隅を突くような内容は出来る限り省き、最短（１ヶ月）で効率よく受験英文法の基礎力が身に付くよう、出来る限り分り易くまとめる事に重点を置きました。「最初の一冊」として、本書が少しでも基礎英語力の向上に寄与し、発展・応用へと進む一翼になればと願っています。

著　者

# 目　次

# ■第1章■

## "最初の10日間"

## 動詞と時制、助動詞、準動詞は英語の基本！

《1》自動詞、他動詞って何？

英語学習の際、「さくいん」の中に「動詞」という文字が入るものは

> 動詞・自動詞・他動詞・助動詞・準動詞・動名詞・知覚動詞・使役動詞・(不)規則動詞・群動詞・述語動詞・動作動詞・状態動詞・代動詞

など、沢山あります。それぞれの細かい用法・分析は専門家に任せておけばいい。受験勉強の第1段階は、受験英語の基礎となる内容を、正確に理解し、設問解答に繋げることです。ここでは、5文型・自動詞・他動詞について学びます。

まずは、4つの記号を確認しましょう。
① S（Subject） ・・・主語 「〜は」「〜が」
② V（Verb） ・・・動詞 「〜です」「〜する」……
③ O（Object） ・・・目的語 「〜を」「〜に」
④ C（Complement） ・・・補語 主語・目的語の説明
　S（主語）V（動詞）は特に問題ないですね。
　ではO（目的語）とC（補語）の区別は？
　　S＝C　S≠O　と覚えましょう。
　では、確認問題。
Q．次の英文の下線部の働きをSVOCで記しなさい。
① <u>I</u> <u>am</u> <u>a student</u>.

② <u>The book</u> <u>was</u> <u>interesting</u>.

③　I wrote a letter.

A．①は「私＝生徒」なので、

　　I am a student.　「私は生徒です」
　　S V　C
②は「その本＝面白い」なので、

　　The book was interesting.　「その本は面白かった」
　　　　S　　　V　　　C
③は「私≠手紙」なので、

　　I wrote a letter.　「私は手紙を書きました」
　　S　V　　O
次に、一つの文に4つの要素があれば、3つ目と4つ目の働きを
　O＝C　O≠O　と覚えましょう。
では、確認問題。
Q．次の英文の下線部の働きをSVOCで記しなさい。
①　I call him Tom.

②　He bought her some chocolates.

③　He found me a good seat.

A．①は「彼＝トム」なので、

　　I call him Tom.
　　S V　O　C
　　「私は彼をトムと呼んでいます」
②は「彼女≠チョコレート」なので、

　　He bought her some chocolates.
　　S　　V　　O　　O
　　「彼は彼女にチョコレートを買った」
③は「私≠良い席」なので、

　　He found me a good seat.
　　S　　V　　O　　O

　　　　　「彼は私に良い席を見つけてくれた」
これらの性質から、英文は５つの基本文型に分けられているのです。
① 第１文型　　Ｓ－Ｖ
② 第２文型　　Ｓ－Ｖ－Ｃ
③ 第３文型　　Ｓ－Ｖ－Ｏ
④ 第４文型　　Ｓ－Ｖ－Ｏ－Ｏ
⑤ 第５文型　　Ｓ－Ｖ－Ｏ－Ｃ
この中で、後ろに目的語（O）を必要とする動詞を他動詞と呼びます。

ポイント１
英語の動詞には、目的語「～に」「～を」が無いと意味が通じない「他動詞」
と、それだけで意味が通じる「自動詞」とがある。

例えば、「私は、買った(bought)」では、「何を？」といった疑問が生じま
す。つまり、目的語を必要とするので buy は他動詞です。又、英文の中
には、ＳＶＯＣのどの働きにも入らないものがあります。これらを修飾語
（句）といいます。副詞（動詞などを修飾）などはこの修飾語です。例え
ば、

　　He plays the violin very well.
　　S　　V　　　O　　　「彼はとても上手にバイオリンを弾きます」
well は「上手に」の意味で play「演奏する」という動詞を修飾していま
す。だから副詞です。very はその well という副詞を修飾する副詞です。
よって very / well は共に５文型の働きには入りません。
　　＊副詞とは？
　　　動詞・形容詞・ほかの副詞・文全体を修飾する語のこと。
５文型の分類は英文読解には不可欠です。今後も常に意識しましょう！
次に書き換えです。ここでは第 4 文型（S-V-O-O）から第３文型(S-V-O)
への書き換えに焦点を当てましょう。
第４文型の英文を例にとってみます。
　　He teaches us French.「彼は私達にフランス語を教えています」
　　S　　V　　O　　O
「私達≠フランス語」なので、SVOO の英文です。

この英文を第 3 文型(S-V-O)に書き換えていきます。まずは、2 つの O を入れ替えます。次に、その間に前置詞を置くのです。ではやってみましょう。us と French を入れ替え、その間に前置詞を入れます。

　　⇒　<u>He</u> <u>teaches</u> <u>French</u> to us.
　　　　S　　V　　　O

ここで問題は前置詞に何を使うかですね。使う前置詞は to, for, of …… です。次のように覚えましょう。


<u>ポイント 2</u>
第 4 文型から第 3 文型への書き換えに用いる前置詞の分類は
　　to　⇒　give 型動詞「相手に何かを届かせる」
　　　　例：give , teach, show, send ……
　　for ⇒　buy 　型動詞「相手の利益になるよう買ったり作ったりする」
　　　　例：buy , find , make , get ……
　　of　⇒　動詞が ask の時 ……


では確認問題。
Q．次の英文を第 3 文型(S-V-O)に書き換えなさい。
① He bought them tickets.
　　⇒
② He showed the children a lot of photos.
　　⇒
③ May I ask you a favor?（お願いがあるのですが）
　　⇒
A．
　　①は buy 型動詞なので　He bought tickets for them.
　　②は give 型動詞なので　He showed a lot of photos to the children.
　　③は動詞が ask なので　May I ask a favor of you?
になります。


入試頻出の代表的な自動詞、他動詞は覚えてしまいましょう！
少し大変ですが、必ず役に立ちます。

ポイント３

間違えやすい代表的自動詞、他動詞は覚えよ！

　自動詞：complain(文句を言う) agree(同意する) apologize(謝る)
　　　　　arrive(着く) wait(待つ) reply(答える)
　他動詞：marry(〜と結婚する) enter(〜に入る) discuss（〜について話し
　　　　　合う） approach(〜に近づく) mention(〜に言及する)
　　　　　attend(〜に出席する) reach(〜に到着する)resemble(似ている)
　　　　　climb(〜に登る) address(〜に話しかける)


自動詞は目的語を取らない。つまり、後ろに目的語を取る場合には前
置詞が必要です。他動詞は直後に目的語を必要とする。この事をしっ
かり頭に入れて、次の確認問題を解いてみましょう。

Q．次の英文の中で正しい英文を２つ選びなさい。

(1) He married with a pretty girl.
　　(彼は可愛い女の子と結婚した)

(2) You should apologize him.
　　(君は彼に謝るべきだ)

(3) We discussed the plan yesterday.
　　(私たちは昨日その計画について話し合った)

(4) He'll agree with our proposal.
　　(彼は私たちの提案に同意するでしょう)

(5) She resembles to her mother.
　　(彼女は彼女の母親に似ています)

　　　　　　　　　　　　　　　　　　_____ ， _____

A．
　(1)の marry (5)の resemble は他動詞なので、それぞれ with / to は
　不要。(2)は apologize は自動詞なので後ろに to が必要。よって(3)
　と(4)が正解。

出来たかな？　完璧に理解できるまで何回も読み返すこと。「中途半端は
ゼロに等しい！」のです。

《２》時制理解は５つの原則から！

　　英語の時制は、現在の事は「現在時制」で、過去の事は「過去時制」で、未来の事は「未来時制」で表すのが基本です。しかしながら、いくつかの例外が存在します。その中で特に重要なのは、"未来の事を現在時制で代用する"用法です。これを完全にマスターすることからスタートです。

ポイント４
時制重要ルール①
時・条件を表す副詞節の時、未来の事でも現在時制で代用する！

　「時」を表す語と言えば、まず思いつくのは when ですね。when の意味は？と聞かれれば「時」と「いつ」。ここで check!
when が「時」と訳せれば、後ろは副詞節。「いつ」と訳せれば、後ろは名詞節。　ここではこれ以上の知識は要りません。つまり、when が「時」と訳せれば、後ろの内容が未来のことであっても「現在時制」で代用するのです。例題で確認。

ア．We will start the game when the rain ( stops / will stop ).
イ．I don't know when the rain ( stops / will stop ).

　ここで、アの英文の when は何と訳しますか？「時」or「いつ」？
もし「いつ」で訳してしまうと、「雨がいつ止むか試合を始めます」では意味が通じません。つまり、この when は「時」。「雨が止めば（その時）、試合を始めようと思う」と訳せます。となれば、when の後ろは副詞節になるので、雨が止むのはこれからの事、つまり「未来」の事ですが、現在時制で代用するのです。答えは stops。
イの英文の when は「いつ」で意味が通じます。「いつ雨が止むか分りません」よって、後ろは名詞節。未来の事は「未来時制」で表します。答えは will stop になりますね。when 以外に「時」を表す語には till, after, before, as soon as などがあり、同様に未来の事は「現在時制」で代用します。

次に「条件」。「条件」つまり「もし〜ならば」を表す代表語は if ですね。
if にはもう一つ「〜かどうか」という意味があります。when 同様、
if が「もし〜」と訳せれば、後ろは副詞節。「〜かどうか」と訳せれば
後ろは名詞節。用法は when と同じです。例題で確認。

ア．If it（is / will be）fine tomorrow, let's go swimming.
イ．I wonder if it（is / will be）fine tomorrow.

「もし〜ならば」と訳せるのはどちらでしょう？アですね。
ア．「もし明日晴れならば、泳ぎに行きましょう」
イ．「あしたは晴れるだろうか」
となれば、ア．は副詞節、イ．は名詞節です。よって答えはアが is
イが will be になるよね。O.K.?

☆少し発展☆・・・・・・
when も if も共に「〜なら」と訳せる時があります。when の例題(p.9)
のアでも、「雨が止むなら……」と訳せる。であれば、if でもよさそうに
見えます。if の例文アの if は when でも可なのでしょうか？　この場合、
次のように考えます。共に未来の事に言及している訳ですが、if の場合は、
未来時に「そのようにならない場合」もあり得るのです。これに対して
when は「いつか、必ずそうなる」のです。つまり、例題で言うなら、when
の例題では「いつか必ず雨は止む」わけで、if の例題では「晴れない場合
もある」のです。代用は出来ないという訳です。if 以外に条件を表す単語
は unless, suppose, so long as などがあります。

次に「進行形」です。英語の動詞には進行形に出来ないものがあるのです。
（例外はありますが、この段階では扱いません）

英語の動詞には①「〜する」の意の‘動作動詞’②「〜である」の意の‘状
態動詞’があります。この内、②の‘状態動詞’は進行形に出来ないので
す。例えば resemble「似ている」には「動作」は伴いません。よって
「状態動詞」です。進行形には出来ません。

Mary resembles her mother. (○)

Mary is resembling her mother. (×)

　「メアリ―は母親に似ている」

その他の代表的状態動詞は believe, know, see, hear ……などで進行形には出来ません。

　I'm knowing…（×）⇒　I know…

ちなみに see は「見える」hear は「聞こえる」で状態を表し、「見る」は look at「聞く」は listen to です。

　ポイント 5

時制重要ルール②

英語の動詞には‘動作動詞’と‘状態動詞’がある。この内‘状態動詞’「～である」は進行形が作れないのが基本。

　つぎは「完了形」。

　完了形の中で、特に重要な用法は２つ。一つは「現在完了形と一緒に使えない語句」です。まずは、これをしっかり覚えること！

　ポイント 6

時制重要ルール③

「現在完了形」と一緒に使えない語句は

　1.when　2.ago　3.just now　4.a moment ago　5.since の付かない過去を表す語の５つ。

　現在完了形とは、必ず現在と関連があり、未来に入り込んでいる内容なのです。ほんの一秒前であってもそれは過去の事。過去形で表し、現在完了形は使えません。また、具体的に「いつ」と限定することも出来ません。つまり図にすると、こんな感じです。

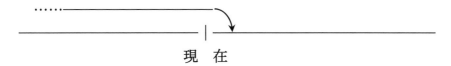

　　　　　　　　　　現　在

では、確認問題。

Q．次の英文の誤りを正しなさい。

(1) We are here since this morning.

(2) He has left his home two hours ago.

(3) When have you met his uncle?

(4) I have finished my homework last night.

A.

(1) are ⇒ have been　(2) has left ⇒ left

(3) have you met ⇒ did you meet　(4) have finished ⇒ finished

(1)「今朝」という「過去」を表す語がありますが、since が付いているので現在完了形が使えます。

(2) ago、(3) when があるので現在完了形は使えません。

(4) last night という明らかに過去を表す語句があるので現在完了形と一緒に用いることは出来ないのです。

もう一つの用法は「大過去」を表す「過去完了」です。英語で２つの出来事を一つの英文で書くとき、時間的により前に起こった出来事を過去完了（had＋過去分詞）で表します。では、

「私が駅に着いたとき、列車はすでに出発してしまっていた。」

という文を英作文してみましょう。

⇒

ここでは「駅に着いた」事と「出発した」事との時間的前後を考えます。「出発した」方が前に起こった出来事ですね。となれば、「駅に着いた」を過去形で、「出発した」を過去完了で表すと次のように英作文出来ます。

The train had already left when I arrived at the station.

ちなみに、arrive は自動詞なので後ろに at という前置詞は欠かしてはいけません。

ポイント7
時制重要ルール④
二つの過去の出来事で、より前に起こった事は過去完了で表す。

☆少し発展☆・・・・・・
　期待や願望を表す動詞で過去完了を表すと、「実現しなかった内容」
　を表します。期待や願望を表す動詞といえば hope（希望する）want
　（望む）expect（期待する）などです。例えば
　　　　We had expected you to be more careful.
　「わたしたちは君にもっと慎重にしてほしかった（のにしなかった）」
　のようになります。
　expect が出てきたのでもう一つ。ex- で始まる動詞は第2音節にアク
　セントが置かれるのが基本。
　exámine（調べる）　exchánge（交換する）　exhíbit（展示する）……
　（主な例外 éxercise〈動かす〉　éxit〈出て行く〉……）

時制の最後は「未来時制」。「will と be going to の違い」と「be＋to 不定
詞の6つの意味」の2つを覚えましょう。
　「will と be going to の違い」は、will は「その場でする気になったこと」
を表すのに対して be going to　は「それ以前からするつもりでいたこと」
を表します。例えば、突然電話が鳴って「私が出ます」は will を用いて I
will answer it. 電話が掛かってくる予定があれば I'm going to answer it.
で表すのです。
では、次の文を英作文してみましょう。
Q．「私たちは今日家にいるつもりです」
　⇒

予定された未来なので
A．We are going to stay at home today.
出来たかな？

次は be＋to 不定詞の表現です。次の英文を和訳してみましょう。

Q．He is to make a speech tonight.（和訳しなさい）
　　⇒

tonight は「今夜」という未来を表す語です。よって未来時制で和訳します。問題は is to の部分ですね。be＋to 不定詞には 6 つの意味があり文脈に応じて選択します。6 つの意味は、
① 予定「～することになっている」
② 命令「～しなさい」
③ 義務「～しなければならない」
④ 可能「～出来る」
⑤ 意志「～するつもりでいる」
⑥ 運命「～する運命である」

ここでは、「予定」の意味でとれるので
A．彼は今夜演説をすることになっています。
ちなみに、今すぐにでも起こりそうなことに対して「まさに……しようとしている」という意味で＜be about to＋原形＞や＜be on the point of + ing〉などもあります。

ポイント8
時制重要ルール⑤
be＋to 不定詞には 6 つの意味がある
「予定」「命令」「義務」「可能」「意志」「運命」

《3》助動詞は「基本助動詞」と「過去への推量」のマスターが must!

助動詞を学習する際、まず念頭に置くのは「助動詞とはイメージである」ということです。つまり、話者が頭の中で「できる」「かもしれない」「すべきだ」…と考えたことを表現するのです。ここでは細かい用法は避け、基本助動詞の本来持つ性質の理解から始めましょう。
① can / could ＝ 能力・知識による「可能性」
　　「出来る」、（否定文で）「～のはずがない」

② must / have to ＝ 論理的にみた「必然性」
　　「〜しなければならない」「〜に違いない」
③ may / might ＝ 「容認」
　　「〜してもいい」「〜かもしれない」
④ should / ought to ＝ 「必然性」
　　「〜すべきである」「〜のはずだ」

何度か読み返してイメージを植えつけてしまいましょう。
次に、助動詞の中で would / should / need / shall の４つに絞って重要な
用法を覚えます。例文は完璧に暗唱すること！

★would … ４つの意味を確認。
　a) 助動詞 will の過去形
　　I thought that he would come.
　「わたしは彼が来るだろうと思った」
　b) 強い意志「どうしても……」否定文は「どうしても……しなかった」
　　The door would not open.
　「そのドアはどうしても開かなかった」
　c) 過去の不規則な習慣「よく〜したものだ」
　　When I was young, I would often watch baseball.
　「私は若い頃よく野球を見に行ったものでした」
　　＊規則的な習慣は used to
　d) 控えめな丁寧な表現
　　Would you please give me some more tea?
　「すみませんがもう少しお茶をいただけませんか」
★should … 当然・必要・主張・忠告・感情…を表す動詞・形容詞の that
　節において should を必要とする語。ここでは、頻出する７語を覚えま
　しょう。
　◎ natural , right , necessary , insist , advise , strange ,
　　surprising ……
　　例：It is strange that she should say that.
　　　「彼女がそんなことを言うなんて奇妙だ」

<u>ポイント9</u>

that 節で should を必要とする代表的な7語

natural , right , necessary , insist , advise , strange , surprising

<u>ポイント10</u>

need は、否定文・疑問文の時は助動詞または一般動詞、肯定文は
一般動詞。過去形は全て一般動詞である


★need … 肯定文の need to *do* は動詞で「〜する必要がある」、否定文・
疑問文の need は助動詞でそれぞれ「〜する必要がない」「〜する必要
がありますか」の意味です。この事を頭に入れて次の確認問題を解いて
みましょう。

Q．次の2つの英文のうち誤っている英文を選び、訂正しなさい。

① He need to see a doctor.

「彼は医者に診てもらう必要がある」

② Need we wait for him ?

「私たちは彼を待つ必要がありますか」

＿＿＿＿　訂正＿＿＿＿＿＿⇒＿＿＿＿＿＿

文の種類を考えれば、①の英文は肯定文。だからこの need は動詞です。
主語が He なので三単現の s が必要になります。

A．① need ⇒ needs


☆少し発展☆・・・・・

助動詞の can の過去形は could のように、助動詞としての need には過去
形がありません。needed は一般動詞の過去形として使われるのです。


（例）He needed to carry an umbrella yesterday.

「彼は昨日傘を持っていく必要があった」


★ shall … 未来時を表す助動詞には will と shall があります。区別
はポイントを絞って覚えましょう。

<u>ポイント 11</u>
will と shall の区別は
①ほとんどが will、②shall の用法は 2 つのみ！

　まずは、ほとんどが will と考えます。次に、shall が用いられる 2 つの用法をしっかりと覚えましょう。1 つは Shall I ～？　Shall we ～？「～しましょうか（よ）」、もう一つは You shall～.「（話者が）～しましょう」です。You shall は話し手の意志を表しているのです。例えば、You shall have this book. は「あなたはこの本を持つだろう」ではなく、話し手、つまりこの場合「私」がそう（あなたがこの本を持つように）させるのです。言い換えれば、I will give you this book.「この本を君にあげよう」になります。ではもうひとつ You shall die. ならどうなりますか？　君を死ぬように「私」がさせるので、＝I will kill you.「お前を殺すぞ」です。
　　＊Shall he ～？　Shall she ～？のように、3 人称の人間に「（彼・彼女に）～させましょうか」の用法がありますが、まずは上の 2 つをしっかり覚えることです。

　さあ、助動詞のメインイベントです。「過去への推量」を表すときには、助動詞に完了形を付ける用法です。「過去への推量」とは、過去の事を今から考えれば「～だっただろう」「～だったに違いない」「～だったはずだ」と推量する表現です。ポイントでまとめてみましょう。

<u>ポイント 12</u>
助動詞に完了形をつけて「過去への推量」を表す＊p.p.は過去分詞
　① cannot have p.p. 「～だったはずがない」
　② must have p.p.　 「～だったに違いない」
　③ may have p.p.　　「～だったかも知れない」
　④ should (ought to) have p.p.　「～すべきだったのに」
　　（実際はしなかった）

　では、問題で確認しましょう。

Q．(1)(2)は和訳し、(3)は正しい語を選び、(4)は指示に従って書き換えなさい。

(1) You should have studied harder.

(2) He cannot have been ill.

(3) I ( cannot, must, may, should ) have read this book, but I don't remember it.

(4) I am sure he was twenty when I first met him. （must を用いて）
＝

ポイント 12 から、(1)(2)は和訳できるはず。(3)は「……、でも覚えていません」という意味から考えます。(4)は I am sure「確信している」が現在で、「彼が 20 歳だった」が過去の事なので、現在から過去の事を確信を持って推量している事になります。

A．(1) あなたは、もっと熱心に勉強すべきだったのに。
(2) 彼が病気だったはずはありません。
(3) may　（読んだかもしれない）
(4) He must have been twenty when I first met him.
　　（20 歳だったに違いない）

☆少し発展☆・・・・・・
助動詞には似たような表現があります。使い方を区別してみましょう。must と have to は共に「〜しなければならない」の意味ですが、must は話している人の主観的な気持ちを含んでいるのに対して、have to は周りの状況からの必要性を表すことが多いのです。どちらかといえば have to の方が優しく聞こえるでしょう。もう一つ、should に近い意味に had better があります。had better は「よくない方向に向かわないために〜したほうが良い」という意味で、やや脅しや命令的に聞こえるので should を用いたほうが無難と言えます。ちなみに、had better の後ろには動詞の原形が必ず来て、否定の場合には had better not＋動詞の原形になります。not の位置には注意しましょう。

## 《4》準動詞①不定詞　基本 3 用法と 4 大ポイントを完全制覇

　ここから暫くは準動詞についての説明になります。この章の中心と言え、英語学習には絶対不可欠な内容になるのでしっかりと学習しましょう。

　大前提として 3 大準動詞である不定詞・動名詞・分詞には多くの共通点があることを覚えておく必要があります。準動詞の使い方の一つは、ピリオドまでの一つの英文の中に二つの S － V がある文（複文・重文）を、S － V が一つの文（単文）に書き換える時に用いられます。つまり、二つの文の内、接続詞が付いている方（従属節）の部分を準動詞を用いて同じ内容で言い換えるのです。では、準動詞の中でどれを用いても良いのでしょうか。そうではありません。そこには決まりがあり、共通する注意点があります。細かい説明はそれぞれの単元でするので、まずは共通点を徹底的に頭に叩き込みましょう。

### ポイント 13
準動詞の共通点
　①文に相当はしているが文ではない
　②否定語は直前に置く　not ＋ to , not ＋ ing
　③書き換え時、2 つの文の主語が異なれば意味上の主語を書く
　④書き換え時、2 つの文の時制が異なれば完了形で書く　to have ＋ p.p.,
　　having ＋ p.p.

　よく分からない？　当然です。まだ説明していないのですから、安心してください。実際の問題対応は後でやりますので、ここはポイントを何度も何度も読み返し、空に向けて口に出せるくらい暗唱しておくこと！

　では、準動詞の一つ目である不定詞から始めましょう。不定詞は準動詞の一つですから動詞から派生したものですが、主語の人称・数や時制に影響を受けずに原形で表すものをいいます。不定詞の種類には to 不定詞と原形不定詞があり、原形不定詞は助動詞の後ろや、知覚動詞・使役動詞（p.34 で解説）＋目的語のあとで用いられます。不定詞に

は３つの基本的な用法があり、文中の働きによって分類されます。細かい点は抜きにして次のように分類しましょう。

＊名詞的用法
　　ア．「〜こと」と訳せ、主語・目的語・補語の働きを持つ
　　イ．It〜to 構文の to
　　ウ．疑問詞＋to「〜すべき」
　　　　（例：where to〜「どこに〜すべきか」when to, what to…）
＊形容詞的用法
　　ア．名詞・形容詞の後ろにおいて修飾「〜するための」「〜すべき」
　　イ．……thing to 〜「何か〜の物」
　　　　（例：something to drink「何か飲み物」）
＊副詞的用法
　　ア．目的「〜するために」
　　イ．原因「〜して」
　　ウ．理由「〜するとは」
　　エ．結果「(結果として)〜になる」
　　オ．文中の動詞・形容詞・副詞・文全体を修飾
何度か読み返して、覚えたら次の問題に challenge しましょう。

Q．次の下線部の to 不定詞の用法（名詞・形容詞・副詞）を答えなさい。
　（１）He has many friends to talk with.
　（２）His dream is to be a doctor.
　（３）She is working hard to buy a house.
　（４）There is no place to hide.
　（５）I'm very happy to meet you.
　（６）It is wrong to tell lies.
　（１）＿＿＿＿＿（２）＿＿＿＿＿（３）＿＿＿＿＿
　（４）＿＿＿＿＿（５）＿＿＿＿＿（６）＿＿＿＿＿

＜解説＞（１）「彼には話す友人がたくさんいます」前の名詞 friends

を修飾「〜するための」の意味。（2）「彼の夢は医者になることです」「こと」と訳せる。（3）「彼女は家を買うために熱心に働いている」目的を表す。（4）「隠れる場所がない」前の名詞 place を修飾。（5）「あなたに会えてとてもうれしい」「〜して」という原因を表す。（6）「嘘をつくことはよくない」It〜to 構文。　正解をチェック！
A．（1）形容詞（2）名詞（3）副詞（4）形容詞（5）副詞
　　（6）名詞


☆少し発展☆・・・・・・
不定詞の形容詞的用法で、文尾に前置詞が必要な場合があります。次の二つの英文を比較してみましょう。どちらかの英文が間違っています。
① I have no book to read.
② I have no paper to write.
分かりますか？　共に前の名詞を修飾する形容詞的用法です。かかる名詞に繋げてみると、read a book「本を読む」は意味が通じますが、write a paper「紙を書く」では意味が通じません。「紙の上に」の意味の前置詞on（ポイント59参照）が必要です。その前置詞を文尾に置くのです。
②⇒ I have no paper to write on. にしなければなりません。もうひとつ、This is the room for him to study. ではどうでしょう。名詞 the room を修飾する形容詞的用法で study the room とは言えません。study in the room「部屋の中で勉強する」にしなければならないのです。となれば、
⇒This is the room for him to study in. が正しくなります。


次に、不定詞のポイント解説です。大きなポイントは４つ。
まずは意味上の主語です。次の英文を見てください。
　It is difficult for me to solve this problem.
「私がこの問題を解決するのは困難です」
solve the problem「問題を解決する」つまり、to 不定詞以下を行う動作主は誰でしょう。me「私」ですね。つまり、to 以下の意味上の主語は「私」ということです。この意味上の主語を示す時、不定詞

の直前に for または of を用いるのです。for/of の分類は次のように使い分けします。形容詞の部分が、人の性質や人の人物評価を表す形容詞の時には of を用います。例えば、kind, nice, good, wise, foolish…などです。一方、人を主語にできない形容詞の場合は for を用いるのです。人を主語にできない形容詞に関しては、後々利用する機会が増えるのでここできちんと覚えておきましょう。＊例外有

## ポイント 14
人を主語にできない形容詞ベスト 6
　(im)possible （(不)可能な）, difficult （困難な）, natural （当然な）,
　necessary （必要な）, important （大切な）, convenient （都合がいい）
　＊不定詞の意味上の目的語の時は人を主語に出来る。（p.109 で解説）

例文では、形容詞が difficult なので for を用いています。私が困難なのではなく to 以下の「問題を解決」するのが difficult ということです。例文を見ておきましょう。
It is kind of you to help me.
　「私を助けてくれて、あなたは親切ですね」
It is important for everyone to think about their future.
　「誰もが自分の将来について考える事は大切なことです」
It is necessary for you to see a doctor.
　「君は医者に診てもらう事は必要です」
その他、この It〜to 構文以外は for を用いるのが基本です。

2 つ目は不定詞を目的語にとる動詞です。選択問題、誤文訂正など幅広く出題されるのでまとめて覚えてしまいましょう。以下の動詞は、to 不定詞を目的語に取る代表的な 9 つの他動詞です。

## ポイント 15
to 不定詞を目的語に取る代表的他動詞
want/wish （〜したい）, agree （〜に同意する）
decide/determine （〜を決める）, expect （〜するつもりである）

promise（〜を約束する）, hope（〜を望む）, offer（〜を申し出る）
manage（何とか〜する）, tend（〜する傾向にある）……

例文です。
He wants to go to America.「彼はアメリカに行きたがっています」
He has decided to study abroad.「彼は留学することを決めました」
I promise not to do that again.
「そんな事は二度としないと約束します」
＊ポイント13②で覚えたように、promise to not ではなく promise
not to なので注意。
　さて、9つの動詞を見て何か共通点に気付きましたか？
　全ての動詞は「未来に言及する」内容なのです。つまり、to 不定詞
はこれからすることに関して言及しているわけです。「これから〜す
る事を（に）……」ということです。ちなみに、動名詞は「今まで〜
してきたこと」に言及しています。(P.26)
確認問題は、後の動名詞を目的語に取る動詞も覚えてからにしましょう。
　3つ目は書き換えです。ポイント13をもう一度確認しておいてくだ
さい。いいかな？
　では始めましょう。不定詞の最初で説明したように、2つのSVが
ある文をSV一つの文（単文）に書き換えます。
　例題です。
　It seems that he is ill.
　S　V　接　S'V' C　　　　　＊接は接続詞
この文の It は that 以下を指す仮主語です。これを遠回りな言い方を
せずに he を文の主語にして書き換えます。It（仮主語）は必要なく
なるので消します。次に接続詞の that は動詞の数が1つになるので
消えます。なぜ？　英語の文というのは1つのピリオドの中の動詞
の数−1が接続詞または関係詞の数なのです。例えば、
　When he saw a policeman, the thief ran away.
「その泥棒は警察官を見ると走り去った」
の文では、saw と ran が動詞です。動詞が2つなので接続詞・関係
詞の数は−1なので1つ。When です。この接続詞の付いているほう

の節のことを従属節と言い、付いていない節を文の主節と言います。当然、文の主節のほうが大事なので the thief と名詞で、従属節には代名詞の he で表しています。

例題に戻ると、he を主語にして It, that は消します。次に時制の一致を確認します。seems は現在時制、is も現在時制です。よって、時制が一致しています。ここでポイント！

ポイント 16

不定詞の書き換え時

＊時制が一致　　・・・　to＋原形

＊時制が不一致　・・・　to have＋p.p.

is は be 動詞なので原形は be ですね。となれば、

⇒He seems to be ill.

になるよね。大丈夫？　同じ内容で、他の時制も確認しましょう。

Q．He を主語に書き換えなさい。

　① It seems that he was ill.

　⇒

　② It seemed that he was ill.

　⇒

　③ It seemed that he had been ill.

　⇒

① の seems と was、③の seemed と had been は時制が一致していないので to＋完了形で、②は seemed と was で時制が一致しているので to＋原形で書き換えます。ここで見たように時制の不一致とは＜現在―過去＞＜過去―過去完了＞のことを表していることが分かりますね。

A．① He seems to be ill.「彼は病気のようだ」

　　② He seemed to be ill.「彼は病気のようでした」

　　③ He seemed to have been ill.「彼は病気だったようでした」

不定詞の最後は SVO＋to～の形をとる動詞です。「O が（に）～するのを許す・して欲しい・するように言う」などがこの形をとります。

代表的なものとして allow＋O＋to〜「O が〜するのを許す」want＋O＋to〜「O に〜してほしい」tell＋O＋to〜「O に〜するように言う」があり、いずれも目的語の O が to 不定詞以下の意味上の主語、つまり to 以下の動作主になります。これを使って英作文に挑戦してみましょう。

Q．次の日本文を英訳しなさい。

　①彼女の両親は彼女が映画に行くのを許しました。

　②私はあなたに一緒にきてもらいたいのです。

　③私は子供たちに木に登らないように言いました。

A．

①は allow＋O（彼女）＋to で

⇒Her parents allowed her to go to the movie.

類義語には permit, let がありますが、permit ＞ allow ＞ let の順で形式ばった表現です。

②は want＋O（あなた）＋to で

⇒I want you to come with me.

③は tell＋O（子供たち）＋to で

⇒I told the children not to climb the tree.

not の位置を間違えなかったかな？

不定詞は以上です。まだまだ覚えなければならない事は沢山ありますが、1ヶ月で基礎力を身につけるためにはここまで。基礎がしっかりしていない事には応用には進めません。焦らず、しっかりと知識を定着させましょう。急がば回れ！です。

《5》準動詞②動名詞　準動詞の共通点を再確認≪する事≫でバッチリ！

動名詞とはその名の如く「動詞（〜する）」と「名詞（こと）」が一つになり「〜すること」の意味で-ing の形をとります。働きは主語「〜することは」補語「〜することです」（動詞・前置詞の）目的語「〜

することを」の３つ。ポイント 15 で見た to 不定詞を目的語に取る動
詞と同じように動名詞を目的語に取る動詞にも代表的な語があります。
まとめて覚えてしまいましょう。

ポイント 17
動名詞を目的語に取る代表的他動詞
mind（〜することを気にする），enjoy（〜することを楽しむ）
give up（〜することを諦める），admit（〜することを認める）
finish（〜することを終える），escape（〜することを免れる）
practice（〜することを練習する），stop（〜することを止める）
deny（〜することを否定する），avoid（〜することを避ける）

これらの動名詞を目的語に取る動詞の共通点は？　P.23 で学習したよう
に、不定詞が「未来」に言及し「これから〜することへの希望・意志」
という概念を持っているのに対して、動名詞は「すでに起こった事柄や
実際の行為」という概念があります。不定詞・動名詞共に目的語に取る
動詞 forget を例に取って比べてみましょう。
① I'll never forget meeting him.
　　「彼に会ったことは決して忘れません」
② Don't forget to meet him.
　　「彼に会うのを忘れないように」
①は「彼に会った」という事実があるので動名詞を、②はこれから
「彼に会う」ことになるので不定詞を目的語にとっているのです。しっ
かり区別しましょう。
　動名詞を目的語に取る動詞には覚え方があります。かなり有名ですね。
頭文字を並べて "メガフェップスダ〜ing"（megafepsda）で覚えましょう。
　不定詞・動名詞を目的語に取る代表的動詞はしっかり覚えましたか？
覚えたら、確認問題。

Q．次の文の（　）内の動詞を動名詞か to 不定詞にしなさい。
　(1) I have decided (call) on her tomorrow evening.
　(2) You should avoid (eat) just before you go to bed.

(3) I enjoyed (talk) with you.
(4) He promised (help) me with my work.
(5) I hope (go) to Australia next year.
(6) Would you mind (open) the window?

A．ポイント 15・16・17 で確認すれば簡単なはずです。
(1) to call「明日の午後彼女を訪問することを決めました」
(2) eating「寝る直前に食べるのは避けるべきです」
(3) talking「君と話すのを楽しみました」
(4) to help「彼は私の仕事を助けてくれると約束してくれました」
(5) to go「来年オーストラリアに行きたいと思います」
(6) opening「窓を開けて頂けますか」
全部出来た？　当然です。出来なかったら、戻って覚え直し！

☆少し発展☆・・・・・・
need / want－ing は受け身の意味を取ります。英語は能動か受動かを厳格に表す言語です。主語が「する」のか「される」のかしっかりと区別する必要があります。後の分詞や使役・知覚動詞を始めとして、いたるところで意識しなければならない場面が見受けられることになるのです。need / want は主語が実際は「する」のではなく「される」場合には後ろに－ing 形を取ります。
These pants need pressing.
「このズボンはアイロンをかける必要があります」
ズボンがアイロンを「かける」のではなく「かけられる」わけだから受け身の意味ですね。to 不定詞を用いて書き換えると to be＋p.p.になります。want も同じ用法です。
⇒ These pants need to be pressed.

次は書き換えです。ここで、ポイント 13 を再度読み返しておくこと。不定詞　同様２つのＳＶを一つに書き換えます。主節のＳＶはいじりません。接続詞は消し、必要に応じて前置詞を補います。動名詞への書き換えによく用いられる熟語は次の５つを覚えましょう。

ポイント 18
動名詞への書き換えに用いられる熟語ベスト 5
① be sure of〜　　　「〜を確信する」
② be ashamed of 〜　「〜を恥じる」
③ insist on 〜　　　「〜と言い張る」
④ be proud of 〜　　「〜を誇りに思う」
⑤ be sorry for 〜　　「〜を申し訳なく思う」

次に主語が同じならば消し、異なれば意味上の主語を動名詞の前に記します。ただし、意味上の主語は所有格又は目的格で表します。
　注：一般の人々の場合は記さず、名詞は所有格にせずそのままの形で、代名詞は目的格を用いる場合が多い。

最後に時制の確認です。

ポイント 19
動名詞の書き換え時
　＊時制が一致　　・・・　　〜ing
　＊時制が不一致　・・・　having＋p.p.

もし時制が不一致ならば完了形の動名詞
having＋p.p.を用います。では、例題で確認しましょう。

Q．動名詞を用いて書き換えなさい。
　①　I am proud that I won the race.
　　⇒
　②　Do you mind if I smoke here?
　　⇒
　③　He was ashamed that he had failed the exam.
　　⇒

A.

① I am proud of having won the race.

「私はそのレースに勝ったことを誇りに思っています」

am と won(win の過去形)では時制にズレがあるので完了形の動名詞を用います。

② Do you mind my(me) smoking here?

「ここで煙草を吸っても構いませんか」

you と I で主語が異なるので、意味上の主語を所有格（目的格）にして動名詞の前に置きます。mind は「メガフェップスダ」で学習した通り、直接動名詞を目的語に取れるのでこの場合、前置詞は必要ありません。

③ He was ashamed of having failed the exam.

「彼はその試験に落ちたことを恥ずかしく思いました」

過去形と過去完了形ですから時制にはズレが生じています。よって完了形の動名詞を用います。

間違えた問題は理解できるまで再チェックしましょう。

《6》準動詞③分詞　分詞の基本と分詞構文攻略！

準動詞の最後は分詞です。基本的な分詞の用法と、分詞構文を攻略することを最優先にして学習しましょう。

まずは、分詞の基本的用法の確認から。

分詞には、現在分詞と過去分詞があります。概念は、

：現在分詞(〜ing)「〜している」という進行形の意味

：過去分詞(〜ed)　「〜される」という受け身の意味

です。基本的用法は２つ。限定用法と叙述用法と呼ばれていますが、要は『名詞を修飾する形容詞の働き』と『文の補語（C）の働き』と考えて下さい。

① 「名詞を修飾する分詞」では、その位置に気を付けましょう。

ポイント 20
分詞が名詞を修飾する時
　＊１語で名詞を修飾する場合は⇒前から
　＊２語以上で名詞を修飾する場合は⇒後ろから　が基本（例外あり）

例文で確認。
　１）A drowning man will catch at a straw.
　　　「溺れる者は藁をもつかむ」
　　　a man　という名詞が、どんな人か？「溺れている人」ですね。
　　　「溺れている」は一語の　drowning　で表すことが出来るので、
　　　名詞の直前に置かれています。
　２）The woman wearing glasses is my aunt.
　　　「メガネをかけているその女性は私のおばです」
　　　The woman　という名詞が、どんな女性か？「メガネをかけてい
　　　る女性」ですね。「メガネをかけている」は wearing glasses で
　　　これを一語では表すことが出来ません。よって、後ろからその名
　　　詞を修飾しているのです。
② 文中の補語の位置にある分詞
　１）S-V-C
　　　He kept standing.　　「彼は立ち続けていた」
　　　S　V　　C
　　　keep 以外に、この用法で用いられる、その他の代表的動詞には、
　　　remain, lie, stand, sit, go, come……などがあります。
　２）S-V-O-C
　　　I want this work finished by tomorrow.
　　　S　V　　O　　　C
　　　「私はこの仕事を明日までに終えたい」
　　　その他、keep, leave……など。this work が「終える」のではな
　　　く、「私」が「終える」のであって this work は「終えられる」
　　　わけだから過去分詞の　finished　が使われているのはいいですね。

　　知覚動詞と使役動詞にもこの用法がありますが、それについて
　　は次で解説します。
　さあ、分詞の最重要項目「分詞構文」です。
　＊ポイント13をもう一度確認して下さい。
分詞構文も同じですよ。S-V２つを１つにすることも同じです。分詞
構文を定義するなら「分詞が中心となり主文全体を副詞的に修飾する
句であり、分詞１語が接続詞＋S'V'に相当する」ということです。次
の例を見てください。
　（例）When he saw a policeman, the thief ran away.
　　　　接　 S' V'　　　　　　　 S　　V
　　　＝Seeing a policeman, the thief ran away.
分詞 Seeing が When he saw (接続詞＋S'V')に相当しているのが分り
ますね。では、どんな英文でも分詞構文に書き換えられるのでしょう
か？そうではありません。分詞構文には意味があるのです。


ポイント21
分詞構文の意味は
　①時(when,as……)　②理由・原因(because,as,since……)
　③仮定・条件(if,suppose……)　④譲歩(though,although……)
　⑤付帯状況・結果(and)　⑥完了(after)
　の６つ


これらの接続詞（意味）がある時に分詞構文に書き換えが出来ます。
ちなみに、多くの参考書ではポイント21のように時……の順に説明
されていますが、実際の英米の小説内での分詞構文を見ると、６つの
中でほとんどが付帯状況の分詞構文であることが分ります。また、会
話で分詞構文が使われるのは稀です。さて、様々な分詞構文を見る前
に分詞構文で現在分詞・過去分詞どちらを用いるか再確認。分詞構文
の主語は主節（S－V）の主語と一致するのが原則ですので、その主語
が「～している」のか「～されるのか」によって分詞を使い分けましょ
う。さあ、様々な分詞構文を見ていきます。一つ一つしっかりと理解
して下さい。

１）否定文だったら？

接続詞 S'V'の部分が否定文の時、その否定語はどこに置くのでしょう。ポイント13②を確認すれば即解決。分詞の直前ですね。

２）主語が一致していなかったら？

主節（S-V）と従属節（S'-V'）の主語が異なれば、ポイント13③のように、意味上の主語を書かなければなりません。これを、独立分詞構文と呼んでいます。

３）時制が一致していなかったら？

主節（S-V）と従属節（S'-V'）の時制が異なっている時は、ポイント13④のように、完了形（having＋p.p.）を用います。

４）受動態だったら？

受動態(be＋p.p.)の分詞構文は、be動詞を being にして＜being＋p.p＞で表します。でも、この being は普通省略されます。

ちょっと大変ですがしっかりと理解して下さい。

では確認問題。

Q．次の下線部を分詞構文に書き換えなさい。

① <u>Because I did not know what to say</u>, I remained silent.

　⇒

② <u>Since it was very cold</u>, I stayed at home all day.

　⇒

③ <u>Since he broke his leg yesterday</u>, he can't go to school today.

　⇒

④ <u>Since it is written in easy English</u>, the book can be read even by children.

　⇒

A.

①は否定の分詞構文ですね。否定語は分詞の直前なので

Not knowing what to say

②は主語が一致していません。意味上の主語を書いて

It being very cold

③は時制が一致していないので完了形の分詞構文にします

Having broken his leg yesterday

　④は受動態の分詞構文です。
　**(Being) Written in easy English**
どうでした？　出来たかな？


☆少し発展☆・・・・・・
知らない難しい単語に出くわすと、辞書で調べますね。でも、一見簡単そうに見える単語は意外と辞書で確認しないものです。しかし、その中には重要な用法を持つ語があるのです。私が、いつも生徒たちに「簡単そうに見えて、実は重要な語」として as, of, with, that, what の５語を挙げ、辞書で隅から隅まで確認するように言っています。as には「ので」「ながら」「ように」「とき」「として」「につれて」「だけれども」といった７つの代表的訳語があり、きちんと暗記することは英文解釈力向上には不可欠です。このうちの一つ with には付帯状況を表すものがあり、並べ替え問題を始めとして入試頻出事項になっています。次の表を覚えておきましょう。絶対に損はありません。
＜付帯状況を表す with の語順と意味＞
　　with ＋　（代）名詞 ＋ ①　分詞（現在・過去分詞）
　　　　　　　　　　　　　②　形容詞・副詞
　　＿＿＿＿＿＿＿＿＿＿＿③　前置詞句＿＿＿＿＿＿＿
　　　　　A　　　−　　　　B
　　＊A と B は主語 S—動詞 V の関係にある


最後に、代表的な慣用的分詞構文５つは全て暗記しましょう。


<u>ポイント 22</u>
慣用的分詞構文５つ
　① frankly speaking　「率直に言って」
　② generally speaking　「一般的に言って」
　③ strictly speaking　「厳密に言って」
　④ speaking[talking] of ...　「……と言えば」
　⑤ judging from ...　「……から判断すると」

《7》知覚動詞・使役動詞は字のごとく「感覚で知ろう」

　第1章の最後は知覚動詞と使役動詞です。共に字の如く、知覚動詞は「感覚を用いて知る」使役動詞は「人を使って役に立たせる」と考えます。代表的な動詞は、

＊知覚動詞　「目で見える」see「耳で聞こえる」hear「心で感じる」feel など
＊使役動詞　make, have, get, let など

知覚動詞は後ろに目的語（名詞）を取り（つまり他動詞）、その後ろには原形・〜ing・p.p.の3つの形を取ります。使役動詞は三種類に分類します。表にすると

ポイント23
＊知覚動詞
　　知覚動詞＋目的語＋原形　「（目的語が）〜するのを……」
　　　　　　　　　　　　〜ing　　　　　〜しているのを……」
　　　　　　　　　　　　p.p.　　　　　〜されるのを……」
＊使役動詞　「〜してもらう」「〜させる」「〜許す」etc.
　　① make / have＋目的語＋原形/ p.p.
　　（make は「無理強いする」have は「お願いしてやってもらう」）
　　② get＋目的語＋to〜/p.p.
　　③ let＋目的語＋原形

使役動詞の原形／to と p.p.の区別は、目的語が「する」「される」で判断します。目的語が「人」「物」で判断するような事が書いてある参考書があれば、それはダメ。すぐに……ポイ！　しましょう。例文で確認します。
　Ann had her baby examined in the hospital.
　　S　V　　O　　　C
「アンは、病院で赤ん坊を診察してもらった」

赤ん坊が自分で「診察する」わけはないですね。医者に「診察してもらう」のです。だから、過去分詞 examined が使われています。目的語が「人」・「物」は関係ないのです。

では、確認問題。

**Q.** 次の①〜③の英文を和訳し、④⑤は( )内の動詞を正しい形にしなさい。

① He made us work all day.

　　⇒

② We saw a bird building a nest.

　　⇒

③ I saw my picture posted on the wall.

　　⇒

④ Can you make yourself (understand) in English.

　　⇒

⑤ He got my son (clean) the living room.

　　⇒

**A.**

① 「彼は私たちを一日中働かせた」
　　us「私たち」が「働く」ので、原形の work が使われています。

② 「私たちは鳥が巣を作っているのを見た」
　　知覚動詞＋目的語＋-ing なので「〜しているのを……」ですね。

③ 「私は壁に自分の絵が貼られてあるのを見ました」
　　過去分詞が使われているので「貼られる」という受け身の意味で訳します。

④ understood 「あなたは英語で自分の意志を伝えられますか」の意で、あなた自身が「理解する」のではなく「理解してもらう」ので過去分詞の understood 。

⑤ to clean 「彼は私の息子に居間を掃除させた」私の息子が「掃除する」という能動の意味ですから、使役動詞 get に対応して to get 。

いいかな？　これで第1章は終わりです。一読ではダメ。何度も読み返して完全な理解を目指しましょう。

# ■第2章■

## "ステップの 10 日間"

## 比較、関係詞、仮定法を制覇せよ！

　　さあ、中盤の 10 日間。受験生がぶつかる大きな壁となる項目です。でも、基本をしっかりマスターしておけば、心配いりません。ここは、じっくり焦らず基礎固めから始めましょう。

《1》比較は基本文から順を追って理解する

　まずは基礎力を確認します。
　Ｑ．次の日本文を英作文してみましょう。
① 「ジョンの部屋は広い」
　　⇒
② 「ジョンの部屋は私の部屋より広い」
　　⇒
③ 「ジョンの部屋は私の部屋よりずっと広い」
　　⇒
④ 「ジョンの部屋は私の部屋と同じくらい広い」
　　⇒
⑤ 「ジョンの部屋は私の部屋ほど広くない」
　　⇒
⑥ 「ジョンの部屋は私の部屋の３倍広い」
　　⇒

A.

① John's room is large.

部屋が「広い」「狭い」は large / small を、その他で注意するのは
後の☆少し発展☆を見て下さい。

② John's room is larger than mine.

最後の mine は my room でも可。以降、同じ。

③ John's room is much larger than mine.

larger という比較級を強めるために much を用いています。far /
a lot / even / still などの副詞(句)も比較級を強める語として使われます。
ちなみに原級を強めるのは very、最上級を強めるには much / by far
などを用います。

④ John's room is as large as my room (is).

前の as は副詞、後ろの as は接続詞です。よって、後ろの as の
後には文(S-V)が続きますが、省略される場合もあります。

⑤ John's room is not as large as my room (is).

not の位置に注意すればいいだけです。

参考までに「頻度」を表す副詞は文の not を入れるべき位置に置き
ます。例えば

　　You must obey your parents.

　　「両親の言うことに従わなければならない」

　　これに always を付けると

　　You must always obey your parents.

　　その他 usually / often / sometimes も同じです。

⑥ John's room is three times as large as mine.

倍数表現は最初の 1つ目の as の直前に置きます。半分は half 2倍は
twice(two times) 3倍以上は ～times 。また、この文は比較級を用い
ることも出来ます。

　　=John's room is three times larger than my room.

何問出来ましたか？　一つでも間違えたなら、再学習して暗唱してしまい
ましょう。

☆少し発展☆・・・・・・

large / small を用いるのは、他に number (数) 、audience (聴衆)、
salary(給料)、 income (収入)、 population (人口) …… の場合です。
また、heavy / light は rain (雨)、 snow (雪)、 traffic (交通量) ……、
high / low は price (価格) などに用います。ちなみに、traffic が
heavy に対して 、road (道) は crowded です。

《2》比較の書き換えは二大公式で！

① 原 級 ⇔ 最上級
　「これは世界で一番良いワインです」
　最上級を用いて英作文すると
　This is the finest wine in the world.
　この英文を次のポイント 24 に当てはめて、原級を用いて書き換え
てみましょう。

ポイント 24
＊原級⇔最上級の書き換え公式
　　S＋V＋最上級　〜
＝否定語＋(other)名詞＋V＋as(so)＋原級＋as＋S.

さあ、チャレンジ！
⇒

A. No (other) wine in the world is as fine as this.
　出来たかな？　ポイント 24 に当てはめればできるはず。

② 比較級 ⇔ 最上級
　「トムはクラスで一番背の高い少年です」
　　最上級を用いて英作文すると
　Tom is the tallest boy in the class.

ですね。次に、①②の最上級の英文を次の公式に当てはめて、比較級を用いて書き換えてみましょう。

ポイント 25
＊比較級⇔最上級の書き換え公式
　＝否定語＋名詞＋Ｖ＋比較級＋than＋Ｓ．
　　　　又は
　＝Ｓ＋Ｖ＋比較級＋than＋any other＋単数名詞　～．

　②は２種類で書き換えてみましょう。
①⇒


②⇒


　⇒


Ａ．
①　No (other) wine in the world is finer than this.
　否定語は wine という名詞に掛かるので、形容詞の no で否定します。not は副詞なので動詞を否定します。
②　No (other) boy in the class is taller than Tom.
　　Tom is taller than any other boy in the class.
　in the class は「クラス内の少年……」と少年に掛かるので、boy の直後に置きます。boys にしないよう注意！

もう一題解いてみて確実なものにしましょう。
Q．次の文を、学習した４通りの英文で書きなさい。
「これは、世界中で最も高いビルです」
　⇒


　⇒

⇒

⇒


A.

This is the tallest building in the world.
No (other) building in the world is as tall as this.
No (other) building in the world is taller than this.
This is taller than any other building in the world.


出来たかな？　一問でも間違えたら再チャレンジ！


《3》最上級を用いた比較表現

最上級の文に関するいくつかの疑問をチェックしましょう。
まずは次の文を英作文してみて下さい。
「これはこの庭で最も美しい花です」
⇒



A.

This is the most beautiful flower in the garden.

ポイントは2つ。
1つ目は、「〜の中で」の in / of の選択です。迷った事があった人もいるかも知れません。次のことを確認しておくことが大事です。
　*in　「〜の中で」の意味で「囲い」や「容器」「内部」のイメージ。
　*of　「所属」「部分」のイメージ　of の後ろには the＋数字や、all
　　　などがきます。
もう一つは定冠詞の the です。名詞に掛かるので形容詞の最上級には the を付けますが、副詞は名詞が続かないので the を付けなくて

も構いません。但し、「一つ（一人）の中で」の時には the を付けないのです。次の２つの文を比較して和訳してみましょう。

1.　The lake is deepest at this point.
2.　The lake is the deepest of the five.

1.では the が付いていないので「この湖の中」で比較しています。なので「この湖ではこの地点が一番深い」になります。2.は the が付いているので「他の湖」と比較しています。よって「この湖はこの５つの湖で一番深い」となります。チェックしておこう！

《４》否定＋比較級＋than A＝A の最上級

　　直前の練習問題で見たように、否定語で始まり比較級〜than 又は as 原級 as と続く文は　than / as 以下の「最上級の意味」を表していることが分かりますね。例えば、

　Nothing is more precious than time.
　　否定語　＋　比較級　＋　than　＋　A
を和訳すると、Aの最上級の意味で
「時間が一番大切だ」（「時間ほど貴重なものはない」）
です。意味上「最上級」であれば、英文でも最上級で書き換えられるはず。
= Time is the most precious thing(of all).
となります。次に、文の途中に ' 否定＋比較級＋than' が出てきた場合です。まずは no と not の違いをポイントとして覚えましょう。

ポイント 26
＊A is no 比較級　than B.
　⇒ A と B は「同じ」(=)
＊A is not 比較級　than B.
　⇒ A と B では「差がある」（＜, ＞）

では、次の文の違いを見てみましょう。
　① Lucy is no more beautiful than her sister.
　② Lucy is not more beautiful than her sister.

① では no が使われているので Lucy = her sister 「ルーシー」と
「彼女の姉（妹）」は「美しさ」(beautiful) の点で「同じ」なので
「ルーシーは姉（妹）と同じように美しい」となる？　いいえ、違
います！ここで

ポイント27
比較の文は数学と同じ。プラスとマイナスではマイナス。マイナス
とマイナスを掛け合わせるとプラスになると考える。

①を見てみましょう。
　Lucy is <u>no more</u> beautiful <u>than</u> her sister.
　　　　(−)×(+)=(−)
つまり、全体は、否定の意味「〜ではない」という点で「同じ」なのです。
よって①の和訳は
「ルーシーは姉（妹）と同じように美しくない」
ということになります。では「ルーシーは姉（妹）と同じように美しい」
の英文にするには？　（−）と（−）　つまり「二重否定」の文を作れば良い
のです。more の反対語（否定語）は less ですね。となれば、
　She is <u>no less</u> beautiful <u>than</u> her sister.
　　　　(−)×(−)=(+)

次に②を見てみましょう。
not が使われていますから、AとB、「ルーシー」と「彼女の姉(妹)」
では「美しさ」に差があることになります。どちらの方が「美しく」、
どちらの方が「美しくない」のでしょうか？
　Lucy is <u>not more</u> beautiful <u>than</u> her sister.
　　　　(−)×(+)=(−)
どちらが（−）でしょうか？　もちろん主語です。であればA＜B、訳

すと「ルーシーは姉（妹）より美しくありません」になります。逆に、

Lucy is <u>not</u> <u>less</u> beautiful <u>than</u> her sister.

(−)×(−)＝(+)

であれば、A が(+)ですから A＞B、訳すと「ルーシーは姉（妹）よりも美しい」になりますね。否定＋比較級＋than と３語が続いたら熟語です。

ポイント 28

no more than＝only　　（たったの〜）
not more than＝at most（せいぜい〜）
no less than＝as many/much as　（〜も）
not less than＝at least　（少なくとも）

熟語になっても概念は同じ。上の２つは（−）のイメージ、下の２つは（＋）のイメージなのが分かるかな？　分からなければ再読！

《5》比較の注意点

① 繰り返しを避ける that / those
　　次の文を英作してみましょう。
　「神戸の人口(population)は、京都の人口とほぼ同じです」（12 語で）
　⇒

　A.
　　The population of Kobe is about as large as that of Kyoto.
　　ここでは「神戸の人口」(the population of Kobe) と「京都の人口」(the population of Kyoto) を比較しています。the population of の部分が同じなので、the＋名詞の部分を指示代名詞 that を用いて繰り返しを避けているのです。（複数形の時は those）

② than ではなく to を使った比較表現
　　「〜より……」は比較級＋than を用いるのが通常ですが、to を

用いて表す場合もあります。書き換えも確認しよう。
  a. prefer A to B　「BよりAを好む」
     I like dogs better than cats.
   = I prefer dogs to cats.
  b. A be superior to B　「AはBより優れている」
     This car is better than that one.
   = This car is superior to that one.
  c. A be inferior to B　「AはBより劣っている」
     用法は b と同じ。better を worse に変えるだけです。

③ あとは、比較表現を用いた熟語です。比較の熟語はかなりの量
  があるので問題に接した度に覚えていきましょう。ここでは、
  代表的な 10 個の熟語を挙げておきます。
  a. 「出来る限り」　 as 〜 as possible / S can 〜
  b. 「AというよりはむしろB」　 not so much A as B
                     B rather than A / more B than A
  c. 「ますます」　 比較級 and 比較級
  d. 「〜の分だけますます……」
        The 比較級 〜, the 比較級 ……
  e. 「それだけますます〜」　 all the 比較級〜
  f. 「だいたい・多かれ少なかれ」　 more or less
  g. 「早かれ遅かれ・そのうち」　 sooner or later
  h. 「まして〜ない」否定文, much(still) less 〜
     ＊「まして〜だ」肯定文, much(still) more 〜もあるが稀。
  i. 「〜よりも多い」　 more than 〜
  j. 「最高でも」 at (the) best
     ＊「最悪でも」は at (the) worst

## 《6》関係詞って何？

　英語学習で、最初につまずくのは「関係代名詞」が多いと聞きます。
なぜでしょう。答えは簡単。日本語には無い表現だからです。じゃあ難
しい？　そんな事はありません。英語のリズムを理解すれば簡単！
いや、この《英語感覚》を身に付けることで英語理解は大きく前進します。
「習うより慣れること」を意識しましょう。
　さあ、ここで言う《英語感覚》とは何でしょう。

### ポイント 29
英語とは結論や自分の言いたい事をまず言いたい言語なのです！

　2つの文を比較してみましょう。
　　① 私はフランス語が話せるその女の子を　知っています。
　　　　S　　　　　　　　　　　　　O　　　　　　V
　　② I know the girl who can speak French.
　　　　S　V　　O

見て分かるように英語では「私はその女の子を知っている」ことを何より
先に言いたい言語なのです。後ろからその名詞（この場合 the girl で、
これがいわゆる先行詞）を関係代名詞を用いて説明・制限したりするの
です。英語では「トムは背の高い人です」を Tom is a tall man. という
よりは Tom is a man who is tall. と言う方が自然なのです。
次に、前の名詞を説明する際、名詞（先行詞）が人の場合「その人は〜」
who 「その人の〜」whose 「その人を〜」whom / who 人以外であれば、
「それは〜」which 　「その〜」whose / of which 　「それを〜」which
と働き（格変化）によって関係代名詞を変化させます。

この点を頭に入れて、穴埋め問題にチャレンジ。その前にヒントです。
関係詞代名詞の穴埋め問題時には、（　）の後ろを確認しましょう。
① （　）の後ろが動詞ならば主語の働きなので主格。
　　　人の時は who　人以外は　which。
② （　）の後ろが名詞ならば所有格。
　　　人・人以外共に　whose。
　　＊先行詞が人以外の時 whose を of which で表すことも出来ます。
　　　その場合《the 名詞＋of which》で表します。つまり「その名前」
　　　は whose name 又は the name of which になります。
③ （　）の後ろがＳＶ（他動詞）であれば目的格。
　　　人の時は whom / who　人以外は which。この目的格の関係代名詞
　　　は省略されることが多いです。
ここで注意！（　）の後ろに、S+ believe, suppose, think ……があれば、
その部分は飛ばして考えましょう。


Q.（　　）内に適切な関係詞を入れなさい。
① I know a boy（　　）can play the piano very well.
② This is a letter（　　）he wrote.
③ I have a friend（　　）father is a doctor.
④ This is a pen（　　）color I like very much.
⑤ She has a lot of friends（　　）she can trust.
⑥ The man（　　）I thought was honest lied to me.


A.
① who 　　（　）の後ろが can play と動詞が続くので主格（主語の
　　　　　　 働き）。先行詞が人なので、who が入る。
② which 　（　）の後ろが SV(他)になっているので目的格。wrote の
　　　　　　 目的語の働き。先行詞が人以外なので which。
③ whose 　（　）の後ろが名詞なので所有格。先行詞が人なので whose。
④ whose 　（　）の後ろが名詞なので所有格。先行詞が人以外なので
　　　　　　 whose (whose color は the color of which でも可)。
⑤ whom / who 　（　）の後ろが SV(他)になっているので目的格。

　　　　　　　trust の目的語の働き。先行詞が人なので whom / who。
　⑥　who　　（　）の後ろの I thought は飛ばして見ると、was という
　　　　　　　動詞が来ているので主格。先行詞が人なので who。


この辺までは、基礎の基礎。しっかりと理解しておきましょう。


《7》that と what


　　ここでは、関係代名詞の that と what について理解しましょう。
この 2 語は、「少し発展」のコーナー（p.33）で「簡単そうに見えて実
は重要な 5 語」でも取り上げた 2 語です。しっかりと学習して下さい。
　　まずは that。前項の関係代名詞の中で、主格・目的格の時、who や
which の代わりに関係代名詞の that を使うことが出来ます。ただし、
that には所有格の用法がないので whose の代わりには使えません。で
は、どんな時に使われるのでしょうか？　関係代名詞 that が好まれて
使われるのは、以下の 5 つの場合です。


ポイント 30
関係代名詞 that が優先的に使われるのは
①先行詞に all, every, any, no がある場合
②先行詞に形容詞の最上級、助数詞（the first など）、the only,
　the very, the last, the best など特定のものについて述べる場合
③先行詞が《人＋人以外》の場合
④先行詞が疑問詞（who）の場合
　＊疑問詞 Who は本来、人に対して用いるので、関係代名詞は
　　who になるのですが、それだと Who who 〜？　になってし
　　まうので that を用いる。
⑤関係代名詞が be 動詞を使った節（S-V）で補語になる場合
　（例）She is not the woman that she used to be.
　　　　「彼女はかつてのような女性ではない」
　　　　の 5 つ！

次は what についてです。

英文を読んでいて、what が出てきたときに後ろにクエッション
マークがあれば疑問代名詞の「何？」ですね。

　What did you do last weekend？「先週末、何をしましたか？」
? がなければ基本的に関係代名詞の what だと考えましょう。では、
関係代名詞の what とは何でしょう。次のように定義できます。

　《6》では先行詞によって関係代名詞が決まりましたが、what は
その先行詞が what 自体に入っていて（ what=the thing(s) which ）、
名詞の働きをするのです。

「ウ〜ン……よく分からない」当然です。

それでは解説。まずは、次のポイント3つを覚えてください。

ポイント 31
関係代名詞 what の3つのポイント
①名詞の働きなので「こと・もの」と訳す。
②続く節（S-V）が文の主語、補語、目的語になる。
③慣用表現は暗記あるのみ！

　Q. 次の英文を和訳しなさい。
(1) What you said is not true.
(2) This is what I want.
(3) I don't like what he said.


(1)
(2)
(3)


A.
(1) あなたの言ったことは正しくない。
　　　後ろの節 you said を伴い What you said「あなたが言ったことは
　　　〜」で主語の働き。

48

(2) これこそが私が欲しいものです。

　　　後ろの節 I want を伴い is の補語になり主語を説明する働き。

(3) 私は彼が言ったことが気に入らない。

　　　後ろの節 he said を伴い like の目的語となる。「彼が言ったこと
　　　を～」。

　細かいことはまだまだありますが、まずはここまで。


　what を含む慣用表現は代表的な 7 つを覚えましょう！

　a.　what S is / am / are　「今日の S」

　b.　what S was / were / used to　「以前の S」

　c.　what is called / what we(you/they) call「いわゆる」

　d.　what is worse(better)　「さらに悪い（良い）ことに」

　e.　what with A and B　「A やら B やらで」

　f.　A is to B what C is to D

　　　「A と B の関係は C と D の関係に等しい」

　g.　what +名詞　　「……するすべての～」


《8》前置詞と関係代名詞


　関係代名詞が前置詞の目的語の働きになっているとき、その前置詞
を「引き連れて」いくことも「置き去り」にしていくことも出来ます。
例えば、「ここは、彼女が生まれた町です」を英作してみてみましょう。


A.＿＿＿＿＿＿＿＿＿＿＿＿＿＿＿＿＿＿＿＿＿＿＿＿＿＿＿＿＿＿


正解は 2 通りあります。

① This is the city in which she was born.

② This is the city which she was born in.

「彼女はこの町で生まれた」は She was born in the city.

「ここはその町です」は This is the city. ですね。この 2 つの文の共通
語は the city という名詞なので関係代名詞を用いて 1 つの文にすること

が出来ます。その際、関係代名詞は前置詞の目的語の働きになっているので、その前置詞を引き連れていく①、置き去りにする②の２通りが可能なのです。但し、②の which は（特に口語では）省略できますが、①の which は省略できません。また、①のような「引き連れ」では that や who は使えません。

　これを踏まえて次の文を２通りで英作してみましょう。

Q.「オーストラリアは私が妻と出会った国です」（Australia〜）
　　①
　　②

A.① Australia is the country in which I met my wife .
　② Australia is the country (which) I met my wife in.

ポイント 32
関係代名詞が前置詞の目的語の働きを持つとき、その前置詞を「引き連れて」行くことも「置き去り」にすることも可能。「引き連れて」行く場合、関係代名詞の省略や that / who の使用は不可。

《9》関係副詞

　　高校生になると「関係代名詞」に加えて「関係副詞」が登場します。まずは、その基本的な事から確認しましょう。

Q.　（　　　）内に適語を入れなさい。
　This is the village (　　　　　　) I visited last year.

出来たかな？　正解は which です。少しでも「関係副詞」に触れた事がある人は where を入れてしまうことがよくあります。何故でしょう？ 働きが理解できていないからです。次の表を目にしたことがあるでしょう。ない人は、しっかりと頭に焼き付けて下さい。

| 先行詞 | 関係副詞 |
|---|---|
| 場所（the place） | where |
| 時（the time） | when |
| 理由（the reason） | why |
| 方法（the way） | how |

　ここで注意！　先行詞が「方法」の時は続けて the way how とは言えません。その場合、the way 又は how を用います。
　では、前の問題に戻って。問題では、the village が場所を表しているので where で正しいように思えます。しかし、正解は関係代名詞の which です。何故でしょう。ここでポイント‼

ポイント 33
《関係副詞》は後ろが文として成立、つまり完全文。
《関係代名詞》の後ろは文として不成立、主語や目的語が不足して
　いる不完全文。

　前問の（　）の後ろに visit「～を訪問する」という他動詞があります。他動詞は後ろに目的語を必要とする動詞でしたね。ところが、後ろに目的語の名詞がありません。（last year は《時》を表す「副詞」）つまり文が成立していないのです。ここでは、その目的語の名詞（この場合は the village）を関係代名詞（which）に代えて 2 つの文を繋げているのです。よ～く頭に叩き込みましょう！
次に、関係副詞の働きを確認しましょう。関係副詞には大きく 2 つの働きがあります。

①　接続詞＋副詞（関係代名詞は接続詞＋代名詞）
②　前置詞＋関係代名詞
　　（例：in(at) which = where, on which = when,
　　　　for which = why, the way in which = how ）

②を《8》で見た英文で確認してみましょう。

　This is the city <u>in which</u> she was born .

＝This is the city <u>which</u> she was born in.

＝This is the city <u>where</u> she was born.

　Australia is the country <u>in which</u> I met my wife .

＝Australia is the country <u>which</u> I met my wife in.

＝Australia is the country <u>where</u> I met my wife.

　全ての英文をきちんと説明出来ますか？　出来なければ、前に戻って再確認しましょう。

《10》非制限用法

　関係詞の前にカンマが付いている用法は非制限用法（非限定用法、継続法とも言う）、付いていない用法は制限用法（限定用法）と呼ばれています。どう違うのでしょうか？　まずは簡単に働きを確認しましょう。

　① He has a son who became a doctor.

　② He has a son, who became a doctor.

①と②の区別がつきますか？

①は「彼には医者になった息子が一人います」

②は「彼には息子が一人いて、その息子は医者になりました」

となります。つまり、①では彼に息子が他にもいる可能性を示唆しています。（a son という名詞を制限・限定）②では彼に息子は一人だけで、カンマ以下で名詞についての追加情報を加えているのです。

　ここで注意。that は非制限用法では使えません。何故でしょう？

非制限用法は追加情報と言え、「それ」と限定する that には合わないからです。

　次に、関係副詞にも非制限用法があります。

I'm going to spend three weeks in Australia, where my sister lives.

「私はオーストラリアで3週間過ごすつもりです。そこには姉が
住んでいます」
場所を表す in Australia について以下で情報を加えているのです。


《11》複合関係詞って？


関係代名詞・関係副詞に ever をつけて whoever , wherever ……
を複合関係詞と呼びます。ポイントで整理しましょう。


## ポイント 34

《複合関係代名詞》

whoever 「誰でも～」=anyone who
「誰が/ に/ を～しても」=no matter who

＊所有格は whosever 、目的格は whomever になる。
ただし、目的格の whomever は whoever で代用される
ことが多い。

whichever 「どれ（どちら）でも～」=any one that
「どれが/ に/ を～しても」=no matter which

whatever 「何でも～」=anything that
「何が/ に/ を～しても」=no matter what

《複合関係副詞》

whenever 「いつでも～」=at any time when
「いつ～しても」=no matter when

wherever 「どこでも～」=at any place where
「どこに/ で/ に～しても」=no matter where

however 「どれほど～でも」=no matter how


では確認問題に挑戦！
解く時には、文中における「働き」をしっかり確認すること。

Q. 次の日本文に合うように（　）に適当な複合関係詞を入れなさい。
(1) 彼は聞いてくれる人には誰にでもその話をしました。
　　He told the story to (　　) would listen.
(2) 彼は、どれほどたくさんお金を稼いでも満足しないようだ。
　　(　　) much money he earns, he doesn't seem to be satisfied.
(3) 好きな時に寝て構わないよ。
　　You may go to bed (　　) you like.


(1)
(2)
(3)


A. (1) whoever　　to の目的語の anyone と would listen
　　　　　　　　の主語 who の働きを持つ whoever が正解。
　(2) However　　「譲歩」を表す。=No matter how
　(3) whenever　　「いつでも〜」になるので at any time when
　　　　　　　　に書き換え可。


出来たかな？　細かいところはまだまだありますが、この段階では複雑に考えすぎないようにしよう！


《12》仮定法って true or false ？


さて、今まで様々な英文を見てきたことでしょう。今まで見てきた英文は肯定であろうと否定であろうと全て「事実」を述べている文でした。これを「直説法」と呼んでいます。これに対して、事実とは反対のことを想像し「仮定」の形で述べる文を英語では「仮定法」と呼んでいます。つまり、仮定法の文は true ではなく false ということになります。ここでは、仮定法の基本をしっかりと理解することを目標として解説していきます。頻出英文法項目の最後です。中途は意味を成しません。完全理解あるのみ！

①仮定法過去
　現在の事実を述べる文。例えば、次の 2 つの日本文を英作してみ
ましょう。
　　1．ピアノがないので、毎日練習することは出来ません。
　　　⇒
　　2．お金がないので、その本を買うことが出来ません。
　　　⇒


　　A.
　　1. Because (Since) I don't have a piano, I can't practice every day.
　　2. As(Since) I have no money, I can't buy the book.


次に、1.2.の日本文を以下の点に合わせて、「仮定」の日本文に
書き換えてみましょう。
　　＊「仮定」なので「もし〜」で書き始める。
　　＊事実とは反対のことを想像しているので、「肯定」は「否定」、
　　　「否定」は「肯定」にする。


すると、
　　1．は「もしピアノがあれば、毎日練習することが出来ます」
　　2．は「もしお金があれば、その本を買うことが出来る」
になるね。
　　これを英文で書くには仮定法過去の公式が必要になります。


ポイント 35
《仮定法過去の公式》
　現在の事実に対する仮定、和訳は現在時制
　If＋S'＋動詞の過去形, S＋助動詞の過去形(would/could/might)＋
　動詞の原形〜.　「もし〜ならば、〜だろう」
　注：be 動詞の過去形は were を用いる。但し口語では was を
　　　用いる事も多い。

では挑戦！　1.2.の文をポイント 35 に合わせて仮定法の英文で書いてみよう。

　　1.


　　2.


　　A.
　　1. If I had a piano, I could practice every day.
　　2. If I had(enough) money, I could buy the book.


出来たかな？
後でもう少し練習しましょう。


②仮定法過去完了
　過去の事実を述べる文。例えば、次の２つの日本文を英作してみましょう。
　1. ピアノがなかったので、毎日練習することは出来ませんでした。
　　⇒
　2. お金がなかったので、その本を買うことが出来ませんでした。
　　⇒


　　A.
　　1. Because I didn't have a piano, I couldn't practice every
　　　day.
　　2. Because I had no money, I couldn't buy the book.


次に、1.2.の日本文を以下の点に合わせて、「仮定」の日本文に書き換えてみましょう。
＊「仮定」なので「もし〜」で書き始める。
＊ 事実とは反対のことを想像しているので、「肯定」は「否定」、「否定」は「肯定」にする。

すると、
　　1. は「もしピアノがあったならば、毎日練習することが出来た
　　　だろう」
　　2. は「もしお金があったならば、その本を買うことが出来ただ
　　　ろう」
になるね。
これを英文で書くには仮定法過去完了の公式が必要になります。


ポイント 36
《仮定法過去完了の公式》
過去の事実に対する仮定、和訳は過去時制
If＋S'＋過去完了（had p.p.）, S＋助動詞の過去形(would/could/might)
＋have p.p.〜.
「もし〜だったならば、〜だっただろう」


　　1.2.の文をポイント 36 に合わせて仮定法の英文で書いてみよう。
　　　1.


　　　2.


　　　A.
　　　1. If I had had a piano, I could have practiced every day.
　　　2. If I had had money, I could have bought the book.


ポイント 35・36 の公式をしっかり暗記したかを確認し、次の確認
問題にチャレンジしてみましょう。ちょっと難しいかも！


Q. 次の各文を仮定法を用いた文に書き換えなさい。
　(1) Because I am busy, I can't help my son study math.
　(2) Since I didn't know his address, I could not write to him.
　(3) Since it is snowing hard, she may not come and see me.

(1)

(2)

(3)

基本を確認する事からチェックしましょう。
事実を述べている直接法の文を仮定法の文に書き換えるには
    ＊ 肯定は否定、否定は肯定にします。
    ＊ 時制を確認。仮定法では現在は過去、過去は過去完了
      にします。
   A.
(1) If I were(was) not busy, I could help my son study math.
(2) If I had known his address, I could have written to him.
(3) If it were(was) not snowing hard, she might come and see me.

ここまで出来ていれば仮定法の基礎は O.K.
間違えた人はもう一度読み返して再度挑戦。
形さえ理解していれば、あとは量をこなして定着を図ろう！

③時制がずれた仮定法
   「もし、あの時～だったならば、今～だろう」みたいに、「過去
の事実」と違うことを条件節（If 節）で、「現在の状況」を帰結
節で表す表現。であれば、ポイント 35 と 36 を組み合わせるこ
とで表現できるということに気づいたかな？

ポイント 37
《時制のズレた仮定法表現の公式》
 過去の事実に対する仮定と、現在の状況が組み合わされた形。
「もし～だったならば、～だろう」
If＋S'＋過去完了～，　S＋助動詞の過去形（would 他）＋動詞の原形～.

ポイント 37 を頭に入れて、次の英作文にチャレンジしてみよう。

**Q.**「もし、彼女が 7 時の列車に乗って(take)いたならば、彼女は今ここにいるだろう」

---

**A. If she had taken the 7:00 train, she would be here now.**

出来たかな？

間違えた人は、ポイント 37 をしっかりと読み返して理解しよう。

④未来に言及する仮定法

　未来時の内容に言及する場合、「もし〜ならば、〜だろう」と未来のことを想像する文で次の 2 通りの表現がある。

ポイント 38
《未来に言及する仮定法の公式》

1．If＋S'＋should＋V'〜, S＋will / would＋原形〜.
　　　　　　　　　　　　　,命令文〜.
　「もし万が一〜なら、〜だろう」
　＊可能性が高い場合は will を用いる

2．If＋S'＋were to＋V'〜,S＋would＋原形〜.
　「もし仮に〜ならば、〜だろう」

　2 通りの表現があるのなら、どう使い分けるのでしょうか。未来の可能性がない、または極端に低い場合は 2 の were to 〜を用いた表現を使うと考えれば良い。ポイント 38 を頭に入れて、次の英作文にチャレンジ。

　**Q.①**「万が一彼が気持ちを変えるなら、私に電話してくるでしょう」

②「太陽が西から昇っても、私は気持ちを変えません」

① _____

_____

② _____

_____


A. ① If he should change his mind, he would call me.

② If the sun were to rise in the west, I would not change my mind.

う～ん、難しい？
②の「～から」は from ではなく in を用いることは要チェック。
出来なくても心配無用。まずは例文を暗唱すること。その後に
英文をしっかり分析して理解を深めるよう努めよう！
あとは、量をこなして対応力を身に付ければ基礎力はバッチリ！
何しろ「あきらめないこと」が肝心。

公式が増えてきたね。この辺りで「何が何だか……」に陥りや
すい頃。仮定法が終わったら、もう一度最初に戻って読み返そ
う！「急がば回れ」です。「やる気」「根気」「本気」の３つの
気さえあれば、必ずやその成果は現れます！

⑤願望を表す仮定法
　仮定法が現実とは異なることを想像する表現であれば、望み
　事も表現できるはず。「～ならなあ……」などここでは願望
　を表す仮定法表現を身に付けよう。基本さえ理解していれば
　簡単！　まずは、「いつ」の事への願望なのかを明確にするこ
　とから始めます。

## ポイント 39

《願望を表す仮定法》

S ＋ wish ～

　＊過去への願望「～だったらなあ」

　　→過去のことに言及しているので、仮定法過去完了と同じと
　　　考える。《had＋p.p.》

　＊現在への願望「～ならなあ」

　　→現在のことに言及しているので、仮定法過去と同じと考え
　　　る。《過去形》

　＊未来への願望「～になればなあ」

　　→未来のことに言及し would を用います。

　　次に

　＊願望を表す wish を用いて、後続の節に上記の仮定法
　　を用いる。

　＊直説法で言うならば、「後悔」「残念」を表す sorry や
　　pity を用いる。（注：肯定⇔否定は同ルール）

　では練習問題にチャレンジ！

Q．次の日本語に合うように（　）内の動詞を正しい形にしなさい。

　　1. あのとき歯医者に行っていたらなあ。

　　　I wish I ( go ) to the dentist then.

　　2. 兄弟がいればなあ。

　　　I wish I ( have ) a brother.

Q．次の英文を直説法の文に書き換えなさい。

　　3. I wish he had followed the coach's advice.


　　1.＿＿＿＿＿＿＿＿＿　　　2.＿＿＿＿＿＿＿＿＿


　　3.＿＿＿＿＿＿＿＿＿＿＿＿＿＿＿


A. 1. had gone　　2. had

　　3. I'm sorry he didn't follow the coach's advice.

＊解説＊
1.は過去に対する願望なので仮定法過去完了の had + 過去分詞で、
2.は現在に対する願望なので仮定法過去の過去形で表します。
ちなみに直説法で言うなら
1. I'm sorry I didn't go to the dentist then.
2. I'm sorry I don't have a brother.
　　になるのは分かるかな？
3.は had followed という過去完了が使われているので過去への
　願望を表しています。彼がコーチのアドバイスに従って欲しかっ
　たことを私が願望していることになり、「彼がコーチのアドバ
　イスに従ってくれていたならなあ」という意味になります。実際
　には彼はコーチのアドバイスに従わなかったことになり、事実を
　述べる直説法では過去の否定文になります。そのことを残念に思っ
　ているのです。
　OK？　理解できなければ再読・再読・再読！

☆少し発展☆・・・・・・
　「願望を表すのであれば hope でも良くないですか？」
　という質問を受ける時があります。そのような時には
　I wish you could pass the entrance examination.
　と君に言ったら君はどう思う？　と尋ねます。
　「……？」
　「君が入試に合格することを願います」
　と意味を取れば、それに対して「感謝」すら言いかねません。
　しかし、ここで注意！
　S wish 〜は実現可能性がほぼない時に使う表現なのです。
　つまり「受かることはまずない」と言っているようなものなので
　す。受かることを本当に期待しているのであれば
　I hope you pass the entrance examination.
　と hope を用いて直説法で表すのが正解。
　類義語でも使い方に気をつけないといけない例だね。

⑥「あたかも〜 ／ まるで〜」の表現

　　　仮定法が現実ではないことを表しているので「あたかも〜」とか「まるで〜」といったことを表現することができます。

　　　ルールは基本の仮定法と同じ。つまり、現在の事は過去形、過去の事は過去完了。大丈夫かな？！

ポイント40

「あたかも〜」の表現

as if ＋ 仮定法過去　　　「あたかも……であるかのように」

as if ＋ 仮定法過去完了 「あたかも……であったかのように」

　（as though を使うことも出来る）


　　　では練習問題。

Q. 次の英文を和訳しなさい。

　　① He looked as if he had seen a ghost.

　　② He talks as if he knew everything.

Q. 二つの英文がほぼ同じ意味になるよう （　） 内に適語を入れなさい。

　　③ His mother is not a teenager, but she talks like one.

　　　His mother talks (　　)(　　) she (　　) a teenager.


　　①＿＿＿＿＿＿＿＿＿＿＿＿＿＿＿＿＿＿＿＿＿＿＿＿＿＿

　　②＿＿＿＿＿＿＿＿＿＿＿＿＿＿＿＿＿＿＿＿＿＿＿＿＿＿

　　③ （　　　　） （　　　　） ／ （　　　　）


A. ① 彼はまるで幽霊を見たかのような顔つきだった。

　　② 彼はあたかも何でも知っているかのように話す。

　　③ as if / were(was)


出来たかな？　基本さえしっかり身についていれば、それに肉付けしていけば良いだけと気付けば大きな前進！

⑦その他の仮定法

仮定法には他にもいくつかの用法がありますが、ここではポイントを絞って次の6個を覚えましょう。

それ以外は、その都度理解し幅を広げていくようにすること。また、難関大の問題ではかなりひねって出題されることもあるけど、基礎が固まっていれば「恐れるに非ず」。何しろ今は基礎を固めることに集中しましょう。

ア．「～がなければ」「～がなかったなら」の表現

  a.「もし～がなければ」

   If it were not for ～

   ＊現在時制だから仮定法では「過去形」だよね。

  b.「もし～がなかったならば」

   If it had not been for ～

  ＊過去時制だから仮定法では「過去完了形」！

◎この2つは without や but for でも表すことができる。

《例文》

  If it were not for water, we could not live any longer.

  「もし水がなければ、もはや生きてはいけない」

  If it had not been for him, I would not be here today.

  「もし彼がいなかったならば、私は今日ここにいないでしょう」

イ．If の吸収

  条件節の中で、were / had / should があれば前に出し、一般動詞の場合には Did が前に出て if を吸収することが出来ます。

  よって、アの a.b.は

  a. Were it not for ～　　＊倒置の時は必ず were

  b. Had it not been for ～

  で if を吸収できます。これは、文に勢いを与えたり、フォーマルな表現として用いられます。

## ウ．If 節相当表現

「場所」や「時」を表す表現、主語の名詞、不定詞の副詞的表現で仮定の意味を表すことがあります。

《例文》

Fifty years ago, nobody could have imagined such advances in technology.

「50 年前だったら、誰もこんな技術的進歩を想像することは出来なかったでしょう」

A gentleman wouldn't say such a rude thing.

「紳士であればそんな失礼なことは言わないでしょう」

## エ．強い願望

⑥で wish で願望を表す表現をやりましたが、ほぼ同じ意味で If only ～を用いてより強い気持ちを表します。仮定法の基本的考えは同じなので、現在の事には過去形、過去の事には過去完了形を用います。

If only S + 過去形～!　　「～でありさえすればなあ」

If only S + 過去完了形～! 「～でさえあったならなあ」

## オ．「（そろそろ/ちょうど・まさに）～する頃だ」

It's (about / high) time S + 過去形～

《例文》

It's about time we went home.

「そろそろ帰宅する時間です」

## カ．「そうでなければ・そうでなかったならば」

otherwise は仮定法の条件節の代わりを表し「そうでなければ・そうでなかったならば」の意味を持ちます。

《例文》

He studied hard; otherwise he might have failed.

「彼は一生懸命勉強しました。もしそうでなかったならば失敗していたかもしれません」

Q. otherwise の部分を条件節で書き換えてみましょう。

---

出来たかな？　もし、迷ってしまったら仮定法の最初から読み直すこと！　もう一度言います。「急がば回れ！」

A．if he had not studied hard

「仮定法」は少し説明箇所が長くなりましたが、仮定法の基本が理解できていなければ長文読解で躓きかねません。
長文の中で、仮定法の文であることを見抜く力は読解には不可欠です。何度も読み返し、確実なものにしましょう！

★ここで素朴な質問に答えましょう★
Q．そもそも、何で仮定法では時制をずらすのですか？
A．まずは、現実ではないことを表しているのです。つまり現実との距離感を表しているのです。また、助動詞の過去形を使うのは「丁寧さ」を表しています。Would / Could you 〜？が「〜いただけませんか」　と訳せる事でも分かりますよね。
Q．何故、仮定法では was が were になるのですか？　was でも良いと習ったのですが、気にしなくてもいいですか？
A．古英語では be 動詞の過去形は was ではなく were でした。was は、後に作られたもので、仮定法では古い英語の were を使うべきという考えがありました。確かに、現代英語では was でも良いとされていますが、地域により異なり、カナダでは were が主流のようです。ただし、次の点には注意が必要です。I wish I were you.「君ならばなあ」つまり「君がうらやましい」の意味。これを I wish I was you. とは言えません。それは was が「現実」を表し、were は「非現実」を表すからです。言い換えれば「実際にあり得るか・あり得ないか」です。主語の I が you になることはあり得ないので was は使わないのです。ちなみに、倒置の場合は必ず were を用います。

Q．as if の後ろは仮定法と習ったのですが、次の英文がありました。なぜですか？

**It looks as if it is going to rain.**

「雨がふりそうだね」

A．仮定法が説明してきたように、そもそも「事実とは違う」ことを仮定するものです。あり得る事には仮定法ではなく直説法を使うのです。as if の後ろでも直説法を続けることは可能です。（ちなみに as if の後ろに to 不定詞を続けることもありますが、ここでは参考程度で）

# ■第3章■

## "基礎完成・仕上げの 10 日間"

## その他の文法事項は要点を絞って！

入試に必要な知識はまだまだ沢山あります。知らないことや解けない問題が数多くあっても、慌てることはありません。今は、色々なものに手を広げずに、この一冊と信じて徹底的に【基礎力構築】のために「完全理解」に努めましょう！　暗記物が多いですが乗り切ろう！

《1》受動態

①まずは基本の確認から
Q．次の英文を受動態に書き換えなさい。
(1) Picasso painted these pictures.

　　→＿＿＿＿＿＿＿＿＿＿＿＿＿＿＿＿＿＿＿＿＿＿＿＿＿

(2) They call her Beth.

　　→＿＿＿＿＿＿＿＿＿＿＿＿＿＿＿＿＿＿＿＿＿＿＿＿＿

(3) She gave me nothing.

　　→＿＿＿＿＿＿＿＿＿＿＿＿＿＿＿＿＿＿＿＿＿＿＿＿＿

A.(1) These pictures were painted by Picasso,
　　第3文型（S－V－O）の書き換え。
(2) She is called Beth (by them).
　　第5文型（S－V－O－C）の書き換え。

(3) I was given nothing by her.

　　Nothing was given to me by her.

　　第 4 文型（S－V－O－O）

この受動態の問題が出来なければ、もう一度中学英文法を復習し直しましょう。慌てず、騒がず、堅実に！

当然のことですが、第 1・第 2 文型は受動態に出来ません。受動態は目的語を主語にするのだから、目的語のない第 1・2 文型では主語にするものがないのです。目的語を 2 つ取る第 4 文型では受動態が 2 通り作れますね。be given to の to の使い方はポイント 2 を参照。

次に、様々な文の受動態を見てみましょう。

Q．次の英文を受動態に書き換えなさい。

(1) They were preparing supper.

→＿＿＿＿＿＿＿＿＿＿＿＿＿＿＿＿＿＿＿＿＿＿

(2) A lot of singers have sung this song.

→＿＿＿＿＿＿＿＿＿＿＿＿＿＿＿＿＿＿＿＿＿＿

(3) We can borrow the book from the library.

→＿＿＿＿＿＿＿＿＿＿＿＿＿＿＿＿＿＿＿＿＿＿

(4) Do they speak French in Canada?

→＿＿＿＿＿＿＿＿＿＿＿＿＿＿＿＿＿＿＿＿＿＿

(5) Who painted this picture?

→＿＿＿＿＿＿＿＿＿＿＿＿＿＿＿＿＿＿＿＿＿＿

答えに迷った人は次のポイントをチェックしよう。

### ポイント 41
\*進行形の受動態
　be ＋ being ＋ 過去分詞
\*完了形の受動態
　have ( has / had ) ＋ been ＋ 過去分詞
\*助動詞の受動態
　助動詞 ＋ be ＋ 過去分詞
\*疑問文の受動態
　be 動詞を主語の前に
\*疑問詞の受動態
　①疑問代名詞（who , what , which）
　　⇒疑問詞 ＋ be 動詞 ＋ 過去分詞
　　◎「誰によって」の時は　Who ～ by？
　　　　　　　　　　　　又は By whom ～？
　②疑問副詞　（ when , where , why , how ）
　　⇒疑問詞 ＋ be 動詞 ＋ 主語 ＋ 過去分詞

A. (1) Supper was being prepared (by them).
　 (2) This song has been sung by a lot of singers.
　 (3) The book can be borrowed from the library (by us).
　 (4) Is French spoken in Canada (by them)?
　 (5) Who was this picture painted by?
　　　 By whom was this picture painted?

②群動詞はまとめて動かせ！
　動詞＋副詞・前置詞で他動詞の働きをする群動詞として受動態に
　する際、まとめて動かします。
　（例）She smiled at me.
　　　　 S　　V　　O
　　⇒ I was smiled at by her.

Q.受動態に書き換えなさい。

The police caught up with him.


⇒＿＿＿＿＿＿＿＿＿＿＿＿＿＿＿＿＿＿＿＿


A. 現在完了形＋群動詞の受動態です。

He was caught up with by the police.

*catch up with 〜「〜捕まえる」

群動詞はまとめて動かすことに注意しよう。


③何でも by ではない！

受動態の表現で、過去分詞の後ろには意味に応じて前置詞を
適切に用いなければなりません。

（例）「彼は前の試合で大けがをしました」を英作すると

He was severely injured in the last game.

*be injured in 〜「〜でけがをする」

◎ その他 in を用いるのは

be interested in 〜「〜に興味がある」

be killed in 〜「〜で亡くなる」

be absorbed in 〜「〜に夢中」　　など。

◎よく使われる前置詞は他に with, about, at などがあります。


では、練習問題にチャレンジ。

Q．（　　）に by 以外の適語を入れなさい。

(1) The book is covered (　　　　　) dust.

(2) The pianist is known (　　　　　) people all over the world.

(3) I was surprised (　　　　　) the news.


A. (1) with　　be covered with 〜 「〜に覆われている」

「その本はほこりで覆われている」

＊その他　with を用いるのは

be satisfied with 〜「〜に満足している」

　　　　　be filled with ～「～で満たされている」
　　　　　be bored with ～「～に退屈している」　　など
　　(2)　to　　be known to ～「～に知られている」
　　　　　「そのピアニストは世界中の人々に知られている」
　　　　　＊「～に知られている」は be known to ～
　　　　　　「～で知られている」は be known for ～
　　　　　　「～で分かる」は be known by ～
　　(3)　at　　be surprised at ～「～に驚く」
　　　　　「私はその知らせに驚いた」
　　　　　＊その他 at を用いるのは
　　　　　　be shocked at (by) ～「～で衝撃をうける」
　　　　　　be frightened at (by) ～「～におびえる」
　　　　　　be disappointed at (by / with) ～「～にがっかりする」

《2》話法

　　話法で気を付けるのは「いつ？」「誰？」「どこで？」の３つです。
常にこの３つを意識し、それに応じた代名詞・動詞を選択すること。

①２つの話法の種類
　　ア．述べる内容を話し手がセリフの形で表す⇒直接話法
　　　　Tom said, "I'm very happy."
　　イ．述べる内容を話し手が筆者の立場で表す⇒間接話法
　　　　Tom said that he was happy.
　見て分かるように、アとイは同じことです。表現方法が違うだけ
です。ここで注意するのは、イではS-Vが２つあるので１つ接続
詞の that が必要になります。次に「誰？」を考えます。アにおけ
る I は Tom が自分の事を述べています。筆者の立場から見れば
Tom の事であり he ということになります。さらに、「いつ？」
を考えます。said が過去形なので、その時制に応じて is は was
に変えます。これを「時制の一致」と言います。では、話法での
時制を次の表で確認しましょう。

## ポイント 42

＊話法転換時の時制

| 直　接　話　法 | | 間　接　話　法 |
|---|---|---|
| 現在,　" 現在." | ⇒ | 現在　that　現在　〜. |
| 現在,　" 過去." | ⇒ | 現在　that　過去　〜. |
| 過去,　" 現在." <br> will | ⇒ | 過去　that　過去　〜. <br> would |
| 過去,　" 過去." | ⇒ | 過去　that　過去完了　〜. |

＊ここで注意！　この時制の一致を受けない例外が存在します。
以下の場合は主節の時制の影響を受けて時制を一致させること
はありません。
a. 不変の真理《常に変わらない事実⇒現在形》
b. 歴史上の事実《過去形》
c. ことわざ・格言《時間に関係ない⇒現在形》
d. 現在の習慣や事実《繰り返されている動作⇒現在形》
e. 仮定法《第 2 章《12》参照》
f. 助動詞（must, should, ought to ……）の文

さあ、ここまでで練習問題にチャレンジしてみましょう。
Q．次の英文を間接話法に書き換えなさい。

(1) I said, "I want to drink a cup of coffee."

→＿＿＿＿＿＿＿＿＿＿＿＿＿＿＿＿＿＿＿

(2) He always says, "I don't like my hometown."

→＿＿＿＿＿＿＿＿＿＿＿＿＿＿＿＿＿＿＿

(3) Galileo said, "The earth goes around the sun."

→＿＿＿＿＿＿＿＿＿＿＿＿＿＿＿＿＿＿＿

(4) Keiko said, "I got married in Hawaii."

→ _____

A. (1) I said that I wanted to drink a cup of coffee.
   人称代名詞と時制を確認
   (2) He always says that he doesn't like his hometown.
   my は he が言っているので his にすることを忘れずに
   (3) Galileo said that the earth goes around the sun.
   不変の真理なので時制の一致を受けない
   (4) Keiko said that she had got(gotten) married in Hawaii.
   時制の一致を受けて that 節は過去完了に

②伝達動詞の変化と時・場所・指示語の変化
   伝達動詞　say to A ⇒ tell A (said to A は told A)

ポイント 43
話法転換時の時制時・場所・指示語の変化は次の表を確認

| 直　接　話　法 | | 間　接　話　法 |
|---|---|---|
| this | ⇒ | that |
| these | ⇒ | those |
| here | ⇒ | there |
| today | ⇒ | that day |
| yesterday | ⇒ | the day before / the previous day |
| tomorrow | ⇒ | the next day / the following day |
| now | ⇒ | then |
| last night | ⇒ | the night before / the previous night |
| next week | ⇒ | the next week / the following week |
| ago | ⇒ | before |

覚えるのが大変？　そうです。受験は大変なのです。覚えては忘れ、忘れては覚える。その繰り返しです。諦めたら The End !!
「ドラえもん」でのび太も『いちばんいけないのは自分なんかだめだと思うことだよ』と言っています。「絶対できる」と信じて頑張ろう！

さあ、次の練習問題

Q．次の英文を間接話法に書き換えなさい。

(1) She said to me, "I don't quite agree with you."

→＿＿＿＿＿＿＿＿＿＿＿＿＿＿＿＿＿＿＿＿＿＿

(2) He said, "I saw this boy three years ago."

→＿＿＿＿＿＿＿＿＿＿＿＿＿＿＿＿＿＿＿＿＿＿

(3) He said to me, "I could not sleep well last night."

→＿＿＿＿＿＿＿＿＿＿＿＿＿＿＿＿＿＿＿＿＿＿

(4) She said to me, "I am going to sell this book tomorrow."

→＿＿＿＿＿＿＿＿＿＿＿＿＿＿＿＿＿＿＿＿＿＿

A. (1) She told me that she didn't quite agree with me.
　　　人称代名詞と時制を確認
　(2) He said that he had seen that boy three years before.
　　　指示代名詞・時の副詞の変化に注意
　(3) He told me that he had not been able to sleep well
　　　the night before(the previous night).
　　　could をいかに過去完了にするかを考える
　(4) She told me that she was going to sell that book the
　　　next(following) day.

出来た？　注意さえ怠らなければ出来るはず！
長文読解も同様。いかに重要語に気付くかが正解に導くポイント

になるのです。特に難関大の入試長文の解法には「見落とさない」注意力が不可欠です。常日頃から「見落とさない力」に気を配ることです。

③さまざまな文の話法転換
　文の種類が異なる場合の転換は？
　ア．疑問文の場合
　　A．疑問詞がない場合
　　　1．said to ⇒ asked (尋ねた)
　　　2．that ではなく if (〜かどうか) を用いて以下は平叙文
　　　　(S-V)の語順
　　B．疑問詞がある場合
　　　1．said to ⇒ asked
　　　2．疑問詞をそのまま残して以下は平叙文
　　　＊自分に向けての疑問は wondered などを用いる
　イ．命令文の場合
　　　1．said to ⇒ told
　　　　＊強い命令には ordered 忠告には advised を用いる
　　　　　場合もある
　　　2．that 節ではなく to 不定詞句を用いて転換
　　　　＊否定の命令には、否定語を不定詞の直前に置く
　　　3．please の付いた命令文は said to ⇒ asked (頼んだ)
　　　　に変え please は消す
　　　4．Let's の付いた命令文
　　　　said to ⇒ suggested (to 人) that S' (should) V' 〜
　　　　＊Shall we ...? のような「提案」も同様
　ウ．感嘆文の場合
　　　1．said はそのままか cried , exclaimed , sighed ,
　　　　complained などを用いる
　　　2．感嘆詞はそのまま残すか、that 節として very を用いる
　　　3．必要に応じて伝達動詞に with joy/delight/regret をつけ
　　　　加える

エ．祈願文の場合（「〜でありますように」の意味で！が付く）
　　S＋pray＋that 節で表す

オ．その他の転換
　　１．重文（S-V and(but,or……)S'V'〜）の場合、接続詞の
　　　前で一度書き換えを済まし、接続詞＋that〜と続きを書
　　　き換える
　（例)He said, "I love her, but she doesn't love me at all."
　　⇒He said that he loved her, but that she didn't love
　　　him at all.
　　２．２つの異なる文の書き換えは、第１文まで書き換え
　　　を済まし、and＋伝達動詞〜で書き換える
　（例)I said to her, "You look pale. Have you seen the doctor?"
　　⇒I told her that she looked pale, and asked her if she
　　　had seen the doctor.
　　＊後半の asked / if / had seen が分からない人は戻って
　　　読み返すこと！

さあ最後に仕上げ問題にチャレンジ！　１・２問解いて「無理！」
と思ったら、その後を解いても意味なし。しっかり覚え直してか
ら再チャレンジすること。

Q．次の英文を間接話法に書き換えなさい。
　(1) The elderly woman said to me, "Open the door for me,
　　　please."

　　→＿＿＿＿＿＿＿＿＿＿＿＿＿＿＿＿＿＿＿＿＿＿＿

　(2) Galileo said, "The earth goes around the sun."

　　→＿＿＿＿＿＿＿＿＿＿＿＿＿＿＿＿＿＿＿＿＿＿＿
　(3) Tom said to his friends, "What did you do last Sunday?"

　　→＿＿＿＿＿＿＿＿＿＿＿＿＿＿＿＿＿＿＿＿＿＿＿

(4) I said, "What a good idea this is!"

→ _____

(5) Our teacher said to me, "Keep your cell phones off in class."

→ _____

(6) Lucy said to me, "I like cooking, and I often cook dinner for my family."

→ _____

_____

(7) Jim said to me, "Do you live near here?"

→ _____

(8) I said, "May they be safe!"

→ _____

(9) He said to her, "Let's go."

→ _____

(10) Ken said, "I got married in Hawaii."

→ _____

A. (1) The elderly woman asked me to open the door for her.
　　please の付いた命令文なので ask ～ to を用いる
　(2) Galileo said that the earth goes around the sun.
　　不変の真理なので時制の一致を受けない(p.74 で既習済)
　(3) Tom asked his friends what they had done the previous Sunday.
　　疑問詞のある疑問文　時制に注意

(4) I exclaimed (cried / said) what a good idea that was.
又は
I exclaimed that that was a very good idea.
感嘆文の転換。
二つ目の解答の、最初の that は接続詞、次の that は指示代名詞

(5) Our teacher told us to keep our cell phones off in class.
命令文なので that 節ではなく to 不定詞句で転換

(6) Lucy told us that she liked cooking, and that she often cooked dinner for her family.
重文の転換　最初の that は省略できるが and の後の that は普通省略できない

(7) Jim asked me if(whether) I lived near there.
疑問詞のない疑問文　副詞の変化のも注意

(8) I prayed that they might be safe.
祈願文の転換　語順に注意

(9) He suggested to her that they (should) go.
suggest は人を目的語に取れないので to は不可欠
that 節の主語は「彼」と「彼女」が《行く》ので we ではなく they になることに注意

(10) Ken said that he had got(gotten) married in Hawaii.
時制の一致で that 節は過去完了


さて8割出来たかな？　間違えた箇所はよ～く見直して再チャレンジしておこう！


《3》倒置・強調

会話の中で、何かを強く言いたいことがあるときは、そこを強く発音することで相手に伝わります。では、書く場合にはどうすればいいのでしょうか。英語では、語順を変えたり強調の枠組みに入れたりすることで際立たせるのです。

①強調構文

It is(was) A that ......  「……なのは A である〔であった〕」
の形で A の部分に強調したい部分をおきます。
〔A には S,O,副詞（句・節）などが入る〕
(例) John wrote this poem yesterday.
　　「ジョンは昨日この詩を書きました」
　　この文の中でジョンを強調するには
　⇒It was John that(who) wrote this poem yesterday.
　　「昨日この詩を書いたのはジョンだった」
　＊this poem / yesterday を強調したければ A の位置に置き、
　　残りを that 以下で書けばよい。
　＊It was not until ～ that ....
　　「～までは......ではなかった」⇒「～になってはじめて......」
　(例) It was not until yesterday (that) I knew of her marriage.
　　「昨日になって初めて彼女の結婚のことを知った」

②否定語の強調

　「一度も～ない」「全く～ない」「ほとんど～ない」など否定語
　の部分を強調したいときには否定語を文頭に置き、以下を疑問
　文の形に倒置させます。
　　否定語＋疑問文～
(例) I little dreamed that I would ever see him again.
　　「彼にもう一度会うなんて夢にも思わなかった」
　⇒Little did I dream that I would ever see him again.
　＊否定語の代表語には
　　little, seldom, not, never, rarely, hardly, scarcely, only......
　　などがある。
　＊否定表現の強調として at all / by no(any) means / in the least
　　をつけて「まったく」「全然」と否定の意味を強調
　＊否定語が文頭に来ると倒置が起こる表現は堅い表現で、用い
　　られるケースは限られる。

③副詞(句)の強調

　　場所や方向を表す副詞(句)を強調するには、副詞(句)を文頭に
　置き以下を《V-S》の語順にする。

(例) His faithful dog sat by his side.

　　「彼の忠実な犬は彼のそばに座っていた」

　⇒By his side sat his faithful dog.

　＊倒置しない場合もある。(文頭に置かれる文修飾の副詞)


④動詞の強調

　　助動詞《do, does, did》を動詞の前に置き、動詞を強調。
　「本当に〜」「確かに〜」「実際に〜」…

(例) She likes music.

　　⇒She does like music.「彼女は本当に音楽が好きなんだ」


⑤名詞の強調

　　名詞の前に very を置き「まさにその〜」

(例) This is the very place I have long wanted to visit.

　　「ここは私が長い間訪れたかったまさにその場所です」


⑥疑問詞の強調

　　疑問詞の後ろに on earth , in the world をつけ「いったい〜」

(例) What on earth are you doing?

　　「いったい何を君はしているんだい」


⑦「……もまた〜である」「……もまた〜ではない」の表現

　　肯定文に対して同意を示すときは So＋疑問文「……もまた〜
　である」

　　否定文に対して同意を示すときは Neither[Nor]＋疑問文「……
　もまた〜ではない」で表す

(例)　He is from Osaka, and so am I.

　　「彼は大阪生まれで、私もそうです」

A: I haven't seen his latest movie yet.
「まだ彼の最新の映画をみていません」
B: Neither[Nor] have I.
「私も見てないよ」

さあ、2度3度と読み込んで頭に入ったら仕上げの練習問題にチャレンジ！

Q．次の日本文に合うように（　）内に適語を入れなさい。
(1) これは私が買いたかった、まさにその本です。
　　 This is the (　　　　　) book that I wanted to buy.
(2) 事故があって3時間経つまで警察は到着しなかった。
　　 It was not (　　　　　) three hours after the accident that
　　 the police arrived.
(3) その時まで彼らはどこにいたのだろう。
　　 Where in the (　　　　　) were they until then?
(4) 私は彼の話を一度も疑わなかった。
　　 Never (　　　　) I doubt his story.
(5) 「私はコンピューターゲームをしません」「私もしません」
　　 "I don't play computer games." "(　　　　　) do I."
(6) 私はそんなことに全然興味がない。
　　 I'm not in the (　　　　　) interested in such things.
(7) 私は実際に奇跡を見ました。
　　 I (　　　　) witness a miracle.
(8) トムは風邪をひいた、そして彼の姉もそうでした。
　　 Tom caught cold and (　　　　　) did his sister.
(9) 空高く、風船が飛んで行った。
　　 (　　　　　) in the air went the balloon.
(10) 彼が乗っていたのは、私の自転車でした。
　　 It was my bicycle (　　　　　) he was riding.

A. (1) very　(2) until　(3) world　(4) did　(5) Neither
　　(6) least　(7) did　(8) so　(9) Up　(10) that

ゴールが近づいて来ました。もちろん、まだまだ入門編ではありますが、基礎をしっかりと身に付けておかないと、必ず壁にぶつかってしまいます。本書は30日完成にはなっていますが、ただ終わらせればいいというのでは決してありません。土台がしっかりしているかどうかで、その後の伸びは大きく変わってきます。何度、躓いても構いません。そんな時は自転車に乗れなかった頃を（今は乗られるとして）思い出して下さい。何度も何度も転んでは乗れるようになったはずです。「中断はゼロ！」です。土台に不安があるのであれば何度でも Repeat! Repeat! Repeat!

《4》否定

　　英文を読んでいて、その内容が「肯定」なのか「否定」なのかを理解していなければ、全く話が変わってしまいます。内容一致問題では否定表現が重要なキーワードになってきます。否定語の位置も日本語とは異なるので英作文の際にも注意が必要です。ここでは焦点を絞って「否定表現」について見ていきましょう。

①否定語の位置
　　英語では否定語は前に持っていく傾向が強いのです。例えば
　「彼は来ないと思うよ」をそのまま英作すると
　I think that he will not come.
　になるのですが、英語では
　I don't think that he will come.
　と that 節は否定文にはせずに think を否定するのです。

ポイント44
英語では否定語は文頭に近いところに置くもの！

②部分否定と全部否定
　　「全てが/常に〜というわけでない」と部分的に否定する「部分否定」と、「全てが/常に〜ではない」と全部を否定する「全否定」の表現を確認しましょう。

まずは、「〜でない」と全体を否定する語には

   never, neither, no, none, nobody, nothing, nor ……

などがありますね。

逆に「すべて」「いつも」「完全に」「必ず」……と全体を肯定する語（全体語）には

   all, always, both, every, altogether, completely, necessarily, entirely, quite ……

などがあり、これらの語に否定語が加わると「部分否定」の意味になるのです。ちなみに部分語（either など）に否定語が加わると「全否定」の意味になります。

例文で確認しましょう。

1) I don't always eat out on Saturday night.

   否定語 not＋全体語(always) なので部分否定

   「私はいつも土曜の夜に外食するわけではありません」

2) Money does not necessarily bring happiness.

   1)と同じで部分否定

   「お金が必ずしも幸福をもたらすとは限らない」

3) I don't like either photo.

   否定語 not＋部分語(either)なので全否定

   「私はどちらの写真も好きではありません」


ポイント 45

部分否定と全否定①

 否定語＋全体語＝部分否定「(すべてが) 〜というわけではない」

 否定語＋部分語＝全否定「(すべてが) 〜ではない」


次に、「2つのもの」と「3つ以上のもの」に対する表現と否定の関係について、しっかり理解しましょう。

「2つ共」は both ですね。これが3つ以上になったら all です。同様に「2つの内どちらか」は either で3つ以上なら any になります。この内「2つ」を表す both と either に否定語が加わると「部分否定」に、「3つ以上」を表す all と any に否定

語が加わると「全否定」になるのです。これを表にすると

### ポイント46
部分否定と全否定②

|  | 2つ | 3つ以上 | ＋否定語 |
|---|---|---|---|
| 全部 | both | all | 部分否定 |
| どれか | either | any | 全否定 |

例文で確認しましょう。
1) I don't know any of these boys.
　3つ（3人）以上の any＋否定語なので「全否定」
　「これらの少年たちを私は誰も知りません」
2) I don't know all of these boys.
　3つ（3人）以上の all＋否定語なので「部分否定」
　「これらの少年たちを全員知っているわけではありません」
3) He didn't talk to either of them.
　2つ（2人）の either＋否定語なので「全否定」=neither
　「彼は2人のどちらとも話をしなかった」
4) He didn't talk to both of them.
　2つ（2人）の both＋否定語なので「部分否定」
　「彼は2人の両方と話をしたわけではなかった」
大丈夫かな？　英文を読んでいて否定語を見たら要チェック！
後ろに全体語・部分語があれば設問につながる可能性があるので
見落とさないこと。

③準否定
　完全否定ではなく「ほとんど〜ない」「めったに〜ない」といっ
　た表現を「準否定」と呼んでいます。
　ア.《程度》が「ほとんど〜ない」
　　　hardly / scarcely
　　（フォーマルな表現なのであまり使われない）

イ．《頻度》が「めったに～ない」

　　　seldom / rarely

　　（rarely より seldom の方がフォーマルな表現）

ウ．《数・量》が「ほとんど～ない」

　　　a. 数が「ほとんど～ない」は few

　　　b. 量が「ほとんど～ない」は little

　　・few も little も形容詞なので〈＋名詞〉

　　・可算名詞（数えられる名詞）に対しては few

　　　不可算名詞（数えられない名詞）に対しては little

　　　（可算・不可算名詞については《6》の名詞・冠詞・

　　　代名詞で解説）

　　・few / little に a が付くと肯定的な意味で「少しある」

　　注：単に「少ない」という日本語につられて a few /

　　　a little を書くのではなく「肯定的」か「否定的」か

　　　をしっかり判断することが必要！

さあ、例文で確認。

1) There was little water in the plastic bottle.

　「ペットボトルには、ほとんど水が入っていなかった」

2) I rarely / seldom go to the movies.

　「私はめったに映画には行きません」

3) There were a few students in the classroom.

　「教室には数人の生徒がいました」

4) I could hardly / scarcely understand what he was saying.

　「彼が話していたことは、ほとんど理解できなかった」


　④二重否定

　　【比較】のポイント 27（p.42）と同様に考えます。


　ポイント 47

一つの文の中に否定語が 2 つあれば《－》×《－》になるので

「肯定」の意味を表す

There are no people who don't make mistakes.

no と not の否定語が２つあるので「肯定」

「間違いをしない人はいない」⇒「誰でも間違いをする」

She never spends a day without emailing all her friends.

「彼女が友達みんなにメールを送らない日は一日もありません」

⇒「彼女は毎日必ず友達みんなにメールを送ります」

他には　never fail to ～「必ず～する」not impossible「不可能ではない」......がある。

⑤否定語を使わない否定表現

否定語を使わずに「否定の意味」を表す表現があります。ここでは代表的な５つを確認しておきましょう。

1) anything but ...　　「決して......でない」

2) the last ... to v / that ～

「決して......しない～」「もっとも～しそうにない......」

3) far from ～　　「決して（少しも）～ない」

=anything but / never　　後ろは名詞・形容詞

4) free from ～　　「～を免れている」「～がない」

後ろは名詞

5) fail to ～　　「～しそこなう」「～しない」

never fail to ～/ don't fail to は「二重否定」になるので

「必ず～する」の意。

《never は「習慣的に～」don't は「一度だけ～する」》

⑥否定語を使う重要表現は丸暗記せずに

否定語を用いる慣用表現は、ただ丸暗記するのではなく語の持っている意味をしっかりと理解することも重要です。そのいくつかを見ていきましょう。

1) cannot help ～ing ＝ cannot but＋動詞の原形＝cannot help but＋動詞の原形(前の２つが混同され一般化したもの)

ここで用いられている。help は「助ける」ではなく「こらえる」の意味。そこから「～せずにはいられない」の意味になる。

I cannot help crying when I hear that song.
「その歌を聴くと、泣かずにはいられない」

= I cannot but cry when I hear that song.

= I cannot help but cry when I hear that song.

2) do nothing but ＋動詞の原形

この but は「しかし」ではなく「〜を除いて/〜のほか
は」(=except)の意味。「〜を除いて/のほか〜何もしない」
から「〜してばかりいる」の意味になる。

Babies do nothing but cry.
「赤ん坊は泣いてばかりいる」

＊nothing but 〜 は「〜以外何もない」から「〜だけ」
の意味

3) It is not long before 〜

「〜の前は長くない」から「まもなく〜する」の意味

It was not long before the party reached the summit.
「登山隊はまもなく頂上に到達した」

4) cannot 〜 too ...= cannot 〜 enough...

〜の部分には動詞の原形が、...の部分には形容詞・副詞が
来て、その形容詞・副詞の限度を「超えることはない」の
意味から「いくら〜してもしすぎることはない」の意味。

You cannot be too careful in the choice of your friends.
「友達を選ぶのにいくら注意してもしすぎることはない」

5)「もう/もはや〜ない」は no longer = not 〜 any longer

「決して〜ない」は by no means = not 〜 in the least /
at all / in any way ＝ far from -ing = anything but
= never

「彼の話は決して退屈ではなかった」は

His story was anything but boring.

His story was far from boring.

By no means was his story boring.

などで言えます。最後の語順が？　そう、倒置されています。
なぜ？

思い出しましょう！《3》の倒置・強調の②否定語の強調(p.80)で学習しました。否定の副詞が文頭にくると倒置が起こるのです。

☆少し発展☆・・・・・・

長文を読んでいて未知語が出てきたらどうしますか？　諦める？　文脈から推測する、言い換えから見抜く……いくつかありますが、接頭辞・接尾辞などからも推測できるのです。否定を表す接頭辞・接尾辞があれば、単語の意味が分からなくても「否定」つまり《マイナス》の意味だな、と認識することは内容理解の手掛かりとなるはずです。「一般論」か「筆者の主張」かを見極めることと同様、読解力向上には必要な知識といえます。以下が、代表的な否定を表す接頭辞・接尾辞です。役に立つ時が必ず来るはずです。（慶応大学入試では頻出）

dis- , il- , in- , ir- , non- , un- , -less ……

練習問題で否定表現を確認しましょう。

Q．次の日本文に合うように（　）内に適語を入れなさい。

(1) 私はそのときお金をほとんど持っていなかった。

　　I had (　　　　　) money with me then.

(2) 彼は君を決してだます人ではない。

　　He would be the (　　　　　) person to deceive you.

(3) 彼女はまもなく回復するでしょう。

　　It won't be (　　　　　) before she gets well.

(4) 私たちはこの映画を見ると必ず感動で泣いてしまいます。

　　We never see this movie (　　　　　) being moved to tears.

(5) 彼はどちらも買うことができません。

　　He can't buy (　　　　　).

(6) 彼女は不平ばっかり言っている。

　　She (　　　　　) nothing but complain.

(7) そのデパートは、週末はいつも混んでいるとは限りません。

　　The department store isn't (　　　　　) crowded on weekends.

(8) 車を運転するとき注意してもし過ぎることはない。

   　You (　　　　) be too careful when driving.

(9) この地域ではめったに雪は降りません。

   　It (　　　　) snows in this region.

(10) この仕事以外なら何でもします。

   　I will do (　　　　) but this job.


A. (1) little　(2) last　(3) long　(4) without　(5) either

　　(6) does　(7) always　(8) cannot　(9) rarely(seldom)

　　(10) anything


出来なかったところはしっかり見直しをしましょう。

否定はここまで。


《5》接続詞

　接続詞とは字のごとく「語」と「語」、「句」と「句」、「節」と「節」を結びつける（接続する）働きをするものです。その方法により、等位接続詞と従属（従位）接続詞の2種類があります。それぞれ、間違えやすい点を中心に見ていきましょう。


　①等位接続詞

　これも字のごとく、等しい種類のものを結びつけるものです。代表語は and, but, or, for, so, nor …… などです。次の4つに注目しましょう。

　a) 命令文, and ……　　「〜しなさい。そうすれば……」

　　　命令文, or ……　　「〜しなさい。さもないと……」

　　＊なぜ or が「さもないと」の意味になるのでしょう。「あるいは」ではないの？　と思うかもしれません。間違えではありません。つまり、命令文の「〜しなさい」の内容を「する」のか、「あるいは〜せずに……になるか」の選択と考え、そこから「さもないと……」の意味が出てきたと考えるのです。

b)　「A だけではなく B も」の表現

　　not only A but (also) B = B as well as A

　　動詞は B によって決まります。

　　（例）「君も私も間違っている」

　　　　Not only <u>you</u> but also <u>I</u> am wrong.
　　　　　　　　　A　　　　　　B

　　　　下線部 B の I に動詞を一致させるので動詞は am

c) and か or か？

　次の日本文を英作文してみましょう。

　「私たちは北海道にも沖縄にも行ったことがありません」

　⇒


　どうでしたか？

　We have never been to Hokkaido and Okinawa.

　と書いた人が多かったのではないでしょうか。この英文だと
　「否定語」＋A and B は「A と B 両方同時に～できない」
　の意味から「私たちは北海道と沖縄同時に行ったことがあり
　ません」になってしまうのです。どうすればいいのでしょう
　か。正解は

　We have never been to Hokkaido or Okinawa.

　「否定語」＋A or B　で順番に A を否定し次に B を否定しま
　す。そこから「私たちは北海道に行ったことがない、そして
　沖縄にも行ったことがない」の意味になるのです。

d)　相関接続詞

　箱の中にリンゴが 2 つ（A・B）あるとします。

　ア．A・B 2 つとも私のものです。

　イ．A・B どちらかが私のものです。

　ウ．A・B 2 つとも私のものではありません。

　さあ、どうやって表しますか？　表にすると。

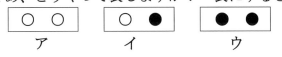

　　　ア　　　　イ　　　　ウ

　のイメージです。

アは both A and B、イは either A or B、ウは neither A nor B を用いて表します。
ちなみに both A and B は複数扱い、イ either A or B、ウの neither A nor B は B に動詞を一致させます。
＊イ．ウ．は複数扱いする場合あり

しっかりと頭に入ったら、次の英作文にチャレンジ！
Q.（1）「その芸術家は日本でもオーストラリアでも知られています」
　⇒


　　（2）「彼は今日か明日に出発するでしょう」
　⇒


A.（1）　「A・B 共に〜だ」なので
　　　The artists are known both in Japan and in Australia.
　　（2）　「A か B かどちらか」なので
　　　He will leave either today or tomorrow.


さらに、《4》「否定」で学習した内容につなげてみましょう！
否定語＋either A or B のような否定文ならポイント 46（p.85）で学習したように「否定語＋部分語」になるので全否定になるのがわかるかな？　つまり、
She can't speak either French or German.
は「彼女はフランス語もドイツ語も話せません」になり
She can speak neither French nor German.
で書き換えられることまで理解出来ればバッチシ！
え？　なぜ can't が can になるの？　などと言っててはダメ！
neither A nor B は否定表現なので can't を使ってしまえば二重否定（ポイント 47）になり、「彼女は〜出来る」ことになってしまいます。理解出来なければ戻って再確認！《進む》ことに囚われることなく、《戻る》ことも重要なのです。
ちなみにバッチシは方言ではありませんよ。一応参考までに。

②従属接続詞

P.23 で書いたように、英語では一つの文（ピリオドまで）の中で《動詞の数—1》が接続詞・関係詞の数です（足りなければ省略）。文の中にS－Vが1つしかない文を単文、2つ（それ以上）ある文を複文と言います。その2つの節を繋ぐのが従属接続詞です。後ろには名詞の働きをもつ名詞節と副詞の働きをもつ副詞節があります。この従属接続詞の後ろのS－Vは主節（一番大切なもの）にはなれません。従属節（主節の内容に情報を＋する働き）です。次の英文で見てみましょう。

Since this ring is made of gold, it is very expensive.

「この指輪は金で出来ているのでとても高価です」

動詞の数は is made と is の2つ。－1なので接続詞（又は関係詞）は1つ。since ですね。Since の付いている節が従属節です。一番言いたいこと、つまり主節は it is です。

<u>Since</u> <u>this ring</u> <u>is made</u> of gold, <u>it</u> <u>is</u> very expensive.
　　接　　　S'　　　　V'　　　　　　　　S　V　　　　C

ここで、チェック！

第1章《4》《5》《6》の準動詞で学習した準動詞を用いた書き換えは複文から単文への書き換えであり、その際、一番大切な主節は触れずに接続詞の付いた従属節を書き換えていることが確認できます。復習を兼ねて、上の文を分詞構文に書き換えてみましょう。

⇒


出来たかな？　自信をもって答えられなかった人は第1章の《6》に戻って、再度読み返して定着させること！

A．Being made of ring, this ring is very expensive.


次に、「名詞節......副詞節......」のところが気になったのでは？
いや、気にしてください。簡潔に説明すれば、
《名詞節》文に文を組み込ませて「主節＋従属節」のイメージです。
　　　that 「～ということ」whether / if 「～かどうか」......
《副詞節》文に文を加えて「主節 ⇐ 従属節」 のイメージです。

when「時」because「～なので」if「もし～なので」......

従属接続詞は語・語句を含めれば、かなりの数あるので、ここでは重要な3つに絞って見ていきましょう。

a) that

まずは、p.33で説明した「簡単そうに見えて実は重要な5語」の一つでもあるthatについてです。関係代名詞のthatについてはp.47で触れていますが、ここでは3種類のthatの分類について見ていきましょう。

1. 接続詞　2.関係代名詞　3.指示代名詞　の3つです。

3. の指示代名詞は、字の如く「指で示す」ものなので「あの～」（「この～」はthis）は分かりやすいですね。では、関係代名詞と接続詞の分類です。ポイントでチェック！

ポイント 48

―thatの分類―

that 以下が文として成立していれば接続詞

that 以下が文として成立していなければ関係代名詞

接続詞のthatは2つの節を繋げる働き、関係代名詞のthatは名詞（先行詞）の説明をする働き

　Q．次の英文の中のthatの品詞はそれぞれ何でしょうか。

　1. I am glad that you've arrived in Osaka.
　　⇒

　2. Look at that girl. She might be Tomoko.
　　⇒

　3. This is the best book that I have ever read.
　　⇒

　4. I told her that I had seen him a week before.
　　⇒

A．1．接続詞

that 以下が文として成立しているので接続詞。arrive は自動詞でしたよね。ポイント 3（p.8）を再チェックして下さい。that 以下が理由になっているので副詞節です。

「君が大阪に到着できてうれしいよ」

2．指示代名詞

「あの〜」になるので指示代名詞。

「あの女の子を見て。トモコかもしれないなあ」

3．関係代名詞

read は「〜を？」の疑問が出るので他動詞。目的語がないので文として不成立。目的格の関係代名詞（省略可）。

「これは、私が今まで読んだ中で一番いい本です」

4．接続詞

that 以下が文として成立しているので接続詞。that 以下が目的語（O）「〜こと」の働きなので名詞節です。

「私は彼女に一週間前に彼を見たと話しました。」

that にはもう一つ《名詞＋that 節》で前の名詞を説明する働きで「〜という＋名詞」の意味の〈同格〉を表すものがあります。

（例）I was surprised at the fact that there was no doctor
　　　in this area.

　　　that 節が前の the fact「その事実」の説明（＝）なので

　　　「この地域には医者が一人もいないという事実に驚いた」

b）「〜するやいなや」の表現

　「〜するとすぐに」「〜するやいなや」の表現は、まとめて覚えましょう。


ポイント 49

「〜するやいなや」の表現はまとめて覚えよ！

① as soon as　② no sooner 〜 than...

③ hardly・scarcely 〜 when・before ...　④ on – ing

⑤ the moment・instant・minute・second S-V〜

覚えましたか？ "何となく" はダメ、"何となく" に慣れてしま
うと、いつまで経っても「何となくできない」まま！
　"脱なんとなく！" を実行しよう。
では、今までの知識を最大限に駆使して次の問題にチャレンジし
ましょう。


Q．次の日本文を、指定された書き出しで始める英文で記しなさい。
　「家を出るとすぐに、雪が降り始めました」
　① As

　② No

　③ Hardly

　④ On

　⑤ The


　細心の注意を払って答えたかな？
　「あっ！　いけねえ」も卒業！
A．① As soon as I left home, it began to snow.
　② No sooner had I left home than it began to snow.
　　ちゃんと倒置させたかな(p.80)？　文頭の否定語には要注意。
　　=I had no sooner left home than it began to snow.
　③ Hardly(Scarcely) had I left home when(before) it began
　　to snow.
　　②と同じ。否定の副詞が文頭なので倒置。過去完了なのは
　　「家を出た」方がわずかでも時間的に前だからです。
　　=I had hardly left home when it began to snow.
　④ On my leaving home, it began to snow.
　　my を入れたかな？　分からない人は p.28 参照

　　⑤ The moment(instant 他) I left home, it began to snow.
　c) as long as　と　as far as
　　「〜する限り」の意味を表すには as long as と as far as が
　　ありますが、どう区別すれば良いでしょうか。

ポイント 50
as long as … 「条件・時」を表し「......する限りは」
as far as … 「程度・範囲」を表し「......する限りでは」


　　では、次の（　　）は long でしょうか far でしょうか？
　Q. ① As (　　　　　) as I know, he is not guilty.
　　　② You may use my room as (　　　　　) as you keep it clean.
　　　③ I will go as (　　　　) as the weather is good.


　A. ① far　「知っている」範囲を表している
　　　　「私が知る限り、彼は無罪です」
　　　② long　「きれいにしておく」という条件・時を表している
　　　　「きれにしておくなら、私の部屋を使ってもいいよ」
　　　③ long　「天気がよければ」という条件を表している
　　　　「天気さえ良ければ出かけるつもりだ」
これから先、多くの接続詞を目にすることでしょう。分からないこと
があれば、そのままにせず、常に疑問をもって探求に心掛けよう！


《6》名詞・冠詞・代名詞


　①名詞
　　a) 可算名詞と不可算名詞
　　　名詞には数えられる名詞（可算名詞）と数えられない名詞（不可
　　算名詞）があります。辞書の C のマークは Countable Noun（可
　　算名詞）、U のマークは Uncountable Noun（不可算名詞）を表
　　しています。可算名詞は、１つ、２つと「数えられる」ことを意
　　味しているので a/an が付けられ、複数形にすることができます

が、不可算名詞は「数えられない」ので a/an を付けることも複数形にすることも出来ません。例えば、【詩】を表す単語 poem は可算名詞ですが poetry , verse は不可算名詞です。ということは a poem とは言えますが a poetry とは言えないのです。では「一編の詩」「三編の詩」を poetry を用いて表すにはどうしたらいいのでしょうか。poetry の前に a/an は付けられず複数形にできないので a piece of poetry / three pieces of poetry の形で表します 同様に「家具類」を表す furniture も同様です。「家具を一つ」は a furniture ではなく a piece of furniture、「家具を二つ」は two pieces of furniture です。とういことは「たくさんの家具」は many furniture ではなく much furniture になるのは分かりますね(p.107)。その他の代表的な不可算名詞は

ポイント 51
不可算名詞の代表語は
advice (忠告) / change (小銭、釣り銭) / furniture (家具類)
information (情報) / scenery (風景) …

b) 物質名詞
物質名詞（一定の形のない材料や物質）と呼ばれる語は不可算名詞なので《コップ》《さじ》などの語句を用いて数を表します。少し例題を解いてみましょう。
Q. 1) パン一枚　　a (　　　　　) of bread
　　2) 砂糖人さじ　a (　　　　　) of sugar
　　3) 紙一枚　　　a (　　　　　) paper
A. 1) slice　　　パン一個は a loaf of bread
　　2) spoonful　　角砂糖一個は a lump of sugar
　　3) sheet / piece
他には a cake of soap (石鹸一個)、a bottle of milk (1 本の牛乳) などがあります。また、固有名詞（国・人など固有の名前）や抽象名詞（目に見えない抽象的なもの《peace 平和、happiness 幸福 etc.》）も不可算名詞なので冠詞を付けずに用います。

☆少し発展☆・・・・・・

似たような意味の語でも可算名詞と不可算名詞があるので注意が必要です。次の表に目を通しておきましょう。

|  | Ｕ 不可算名詞 | Ｃ 可算名詞 |
|---|---|---|
| 助言・提案 | advice | offer / suggestion |
| 宿　題 | homework | assignment |
| お　金 | money | coin / bill |
| 仕　事 | work | job / task |

c) 複数形と所有格

名詞の複数形には（もちろん可算名詞）不規則に変化するものがありますよね。まずは、基礎力確認で次の名詞の複数形が言えますか？

1) foot　2) ox　3) child　4) mouse　5) tooth

　（足）　（雄牛）　（子供）　（ねずみ）　（歯）

言えたかな。

1) feet　2) oxen　3) children　4) mice　5) teeth　です。

次に、複数形の所有格には注意が必要です。次の所有格表現を書いてみましょう。

1) トムの時計　　（　　　　　　）watch

2) 男子校　　　　（　　　　　　）school

3) 小児科　　　　（　　　　　　）hospital

4) 3日間の欠席　（　　　　　　）absence

さあ、どうでしょう？　迷ったかな？

この中で、s で終わる複数名詞はどれでしょう。

2) の boys と、4) の three days ですね。このように s で終わる複数名詞の場合、所有格は s の後ろに（'）アポストロフィーを打ちます。他は、後ろに 's を付ければ O.K. よって答えは、

1) Tom's　　2) boys'　　3) children's　　4) three days'

になります。

ポイントでチェックしましょう。

ポイント 52
-s で終わる複数名詞の所有格は-s の後ろにアポストロフィー（'）！

②冠詞
　冠詞は、「博士号」が取れると言われるほど奥が深く考察・分析は困難を極めます。ここでは、覚えておくべき基本用法に焦点を絞って見ていきましょう。
　a) a / an の区別
　　不定冠詞の a / an の区別は中学の時に習ったと思いますが、注意が必要です。単に母音で始まる名詞の前は an とだけ覚えていると間違えやすいところです。
　　Q. 次の（　　）に a か an を入れなさい。
　　　1)（　　　　　） university
　　　2)（　　　　　） hour
　　　3)（　　　　　） 18th century
　　　4)（　　　　　） European
　　どうかな？
　　答えは 1) a 2) an 3) an 4) a です。間違えた人は、おそらくスペルで判断したのだと思います。a と an の区別は

ポイント 53
a と an の区別はスペルで決まるのではなく、発音によって決まる。

　　のです。声を出して発音してみれば分かるように、2)と 3)はそれぞれ[a],[e]の母音で始まるので an、1)と 4)は[ju] の子音ですから a になります。
　b) a / an の用法
　　不定冠詞 a / an については、未知の初めて出てきた名詞につけるものと習ったはずです。その他、次の用法があるので英文で出てきたときには、しっかり確認しましょう。
　　1) a(an) ＋人　「～のような人」(=like)
　　　an Einstein 「アインシュタインのような科学者」

2)　「～につき」(=per)

　　　twice a day　「一日に二度」

3)　「一つ」(=one)

　　　in a day　「一日で」

4)　「～は」ある種類の全体

　　　A dog ～　「犬（というもの）は～」

c)　定冠詞 the を付ける？　付けない？

　今後、英作文など英文を書いていると、定冠詞を付けるべきか、付けてはいけないのか迷うときが出てくるはずです。一度出てきたものに対して the「その～」を付けることは学習してきたと思いますが、この段階では、付ける場合と付けない場合について基本的な用法のみ覚えてしまいましょう。

◎定冠詞 the を付けるもの

1)　前にすでに出た名詞

2)　状況から何を指しているか明らかな名詞

　　(例) Would you shut the window?

3)　唯一のもの

　　the sun / the sky / the earth　など

4)　形容詞の最上級

　　the best means (最高の手段)など

5)　by the　単位

　　by the hour (時間単位で) by the pound (ポンド単位で)など

　　(例) Eggs are sold by the dozen.

　　　　「卵は 1 ダース単位で売られます」

6)　the＋形容詞「～の人々」

　　the rich (金持ちな人々) the old (老人たち)など

7)　前置詞＋the＋体の一部

　　(例) He hit me on the shoulder.

　　　　「彼は私の肩を叩いた」

その他　動物名・国籍・楽器 / 機械名・河川・海洋・新聞・群島・山脈などに付けますが、無理して覚えるより上の 7 つに絞り、何度か読み返して定着させましょう。

◎冠詞を付けないもの
　1）本来の機能を表す
　　　school (学校) church (教会)など
　2）交通・通信手段
　　　by train (電車で) by phone (電話で)など
　3）食事名
　　　breakfast / lunch / dinner　など
　その他　スポーツ・ゲーム・身分 / 役職（補語）・呼びかけ
　などにも冠詞は付けません。
練習問題で確認しましょう。


Q.(　　　)内に冠詞を入れなさい。不要の場合は×を記しなさい。
　1) I've already had (　　　) lunch.
　2) He wants to be (　　　) Ichiro some day.
　3) (　　　) moon was shining over the sea.
　4) She took me by (　　　) arm.
　5) I go to school by (　　　) bicycle.


A. 1)　×　食事名なので無冠詞
　　2) an　「イチローのような選手」
　　3) The　「月」は唯一のものなので定冠詞
　　4) the　体の一部「腕を」なので定冠詞
　　5)　×　交通手段「自転車で」なので無冠詞


d）冠詞の位置
　冠詞の位置では、次の重要なポイントがあります。並べかえ問
　題など様々な場面で目にすることになるので、しっかり覚えま
　しょう。
　例えば、「きれいな花」を英語では a beautiful flower のように
　《a/an ＋形容詞＋名詞》の語順になるのは習ってきたはずです。
　ところが、ある特定の語が共に用いられる場合には、語順が変
　わるのです。

ポイント 54

《so / as / too / how＋形容詞＋a(an)＋名詞》の語順は必須事項！

　　**Q.**次の日本語に合うように（　　）内の語を並べかえなさい。

　　「昨日はとても天気がよかったのでドライブに出かけました」

　　Yesterday ( that / a / was / beautiful / we / so / day ) took

　　a drive.

　　⇒

　　**A. was so beautiful a day that we**

　　　ポイント 54 がしっかり入っていれば出来るはず。今後何度も
目にする可能性が高いのでしっかり覚えましょう！

③代名詞

　次の３つの点に絞って学習しましょう。

1）不定代名詞

　　**Q.**次の日本文に合う不定代名詞を下から選びなさい。

　　　ア．「箱の中にリンゴが２つあります。１つは（　　　　　　）
私のもの、残りの１つは（　　　　　）彼女のものです」

　　　イ．「箱の中にリンゴが５つあります。１つは（　　　　　　）
私のもの、残りのうち１つは（　　　　　）彼女のものです」

　　　ウ．「箱の中にリンゴが沢山あります。いくつかは（　　　　　）
私のもの、残りのいくつかは（　　　　　）彼女のものです。
他の残り全ては（　　　　　）彼のものです」

　　《some , other , others , the other , one , another , the other ,
　　the others》

どうでしたか？　すらすら選べたかな？　次のように考えましょう。

1．一つ目に選ぶものが単数であれば one、複数であれば some
になります。

2．残りのうちから選ぶとき、「それが最後」つまり、他には残っ
ていない時に the を付けるのです。それが、単数なら the other、
複数であれば the others になります。

3. 残りのうちから選ぶとき、他にまだ残っているものがあれば、
単数なら another、複数なら others になります。
（another は「残りのうち一つ」の意味なので an other が
くっついて another になったのです）
表にしてみましょう。

   ↓  ↳ 残りの 1 つは the other
1 つは one

    ↓  ↳ 残りのうち 1 つは another
いくつかは some
       ↳ ◎ 残りのうちいくつかは others
       ↳ ● 残り全ては the others

A. ア. one / the other   イ. one / another
  ウ. some / others / the others


2) 指示代名詞
Q. 次の日本文に合うように、不足している 1 語を補って
（　）内の語を並べかえなさい。
「日本の気候はイギリスの気候よりも温暖です」
The ( than / of / Japan / climate / is / of / milder )
England.
⇒

どうでしょう？　日本の気候（ the climate of Japan ）と
イギリスの気候( the climate of England ) を比較してい
るのは分かりますね。問題は不足している 1 語です。そ
のまま英作すれば、

The climate of Japan is milder than the climate of England.になりますが、これでは 2 語不足していることになりますね。ここで、英語では 1 度出てきた名詞の繰り返しを極力避ける言語であると**認識**しましょう。これは、英文を読む際にも意識しなければならないことです。そこで the ＋名詞を不定代名詞 that「それ」で表します。
　　(複数の時は those)
　　A. The ( climate of Japan is milder than that of ) England.

3) 不定代名詞 one か it か？
　Q. 次の (　　) 内に one か it を入れなさい。
　　1)「昨日カメラを買ったのに、なくしてしまった」
　　　 I bought a camera yesterday, but I lost (　　　).
　　2)「明日カメラが必要なので、貸してくれませんか」
　　　 I need a camera tomorrow. Can you lend me (　　　)?
　不定代名詞の one と it は次のように区別しましょう。
　　＊one ─ 同一種類のもの（a ＋名詞の代わり）
　　＊it ─ 前に出てきた、特定のもの (the ＋名詞の代わり)
ここから 1) は「昨日買ったカメラ」と限定しているので the ＋名詞を指して it に 2) は「カメラ」であれば良いので a ＋名詞を指して one を入れることになります。
ここで注意！　one は a ＋名詞の代わりになるものなので、可算名詞に対してしか使えません。不可算名詞に対してはどうすれば良いのでしょうか？　不可算名詞の場合は名詞をそのまま用いるか省略するのです。


《7》形容詞・副詞


①形容詞
　1) 形容詞の 2 つの用法
　　形容詞には 2 つの用法があります。まずはそこから理解しましょう。1 つは、直接名詞を修飾する限定用法。a beautiful flower

「きれいな花」のように flower「花」という名詞を直接修飾します。もう1つは、主語・目的語を説明する補語として用いる叙述用法です。This book is interesting.

ここで問題なのは、この2つの用法によって意味が異なる語があることです。代表例を見ていきましょう。

Q. 次の英文を和訳しなさい。

  1) It is certain that they will agree to the plan.
   ⇒

  2) The Pauls have lived at their present address for 10 years.
   ⇒

  3) She was five minutes late for school.
   ⇒

訳せましたか？　形容詞の部分に注意が必要です。働きを見て意味の確認をしましょう。

ポイント 55
《限定用法》と《叙述用法》によって意味の異なる形容詞

|         | 限定用法        | 叙述用法      |
|---------|----------------|--------------|
| late    | 亡くなった・最近の | 遅れた        |
| certain | ある           | 間違いない     |
| present | 現在の          | 出席している   |
| able    | 有能な          | 出来る        |

  A.1) be 動詞の後ろなのでこの certain は叙述用法。よって
      「彼らがその計画に同意するのは間違いない」
  2) 名詞 address（住所）を修飾する限定用法なので
      「ポール一家は現在の住所に 10 年間住んでいます」
  3) 補語の位置の late なので
      「彼女は 5 分学校に遅刻した」
  ＊his late mother は「彼の亡くなった母親」の意味

2）数量を表す形容詞

ここでは、数や量が「多い」「少ない」の表現を覚えましょう。

数は可算名詞 C 、量は不可算名詞 U に対して用います。

次の問題で基礎力チェック。

Q. 次の日本語に合うように（　　）内に適語を入れなさい。

1）今年はあまり雨が降っていません。

We haven't had (　　　　) rain this year.

2）その会議にはほとんど人がいませんでした。

There were (　　　　　) people at the meeting.

3）彼女の回復の望みはほとんどありませんでした。

There was (　　　　　) hope of her recovery.

ポイント 56

《数・量》を表す代表的形容詞

| | 可算名詞（数） | 不可算名詞（量） |
|---|---|---|
| 多　い | many / a great(large) number of | much / a great(good) number of |
| かなり多い | quite(not) a few | quite(not) a little |
| 少しだけある | a few | a little |
| ほとんどない | few / only(just) a few / very few | little / only(just) a little / very little |

＊「多くの」の意味の a lot of / lots of / plenty of などは C U 共に用いることができます。（some / all も同様）

A. 1）much　rain は不可算名詞。前に not があるので little を用いると肯定になってしまう。

2）few　people は可算名詞。「ほとんど〜ない」なので a は付けない。

3）little　hope は不可算名詞。

3) 人を主語に取る形容詞

人を主語に出来ない形容詞についてはポイント 14（p.22）で
学習しましたね。言えますか？　言えない人はもう一度、
すらすらと言えるまで再学習してください。
ここでは、逆に人を主語にする形容詞を覚えましょう。

ポイント 57
人を主語にする代表的形容詞
able / unable（出来る/出来ない）, glad・happy（うれしい）,
sorry（気の毒な・後悔している）, afraid（恐れる）, sure（確信している）

覚えたら、次の問題にチャレンジ！
Q. 次の英文のうち、正しい英文を 2 つ選びなさい。
 1) What time are you convenient?
 2) Tom is not able to come to the meeting.
 3) These students are difficult to read this book.
 4) It is sure that he will succeed.
 5) Will it be possible for me to work at home?
              A. _____ , _____

 1)「何時が都合がいい？」convenient は人を主語にせず、
    What time is convenient for you?　が正しいので×。
 2) able は人主語可なので〇。
 3) difficult は人主語不可なので×。It is difficult for these
    students to read this book.
 4) sure は It を主語に出来ないので×。ほぼ同じ意味の
    certain は It is certain　～の形で表せる。He is sure to
    succeed. certain についてはポイント 55(p.106)で再確認。
 5) possible は人主語不可なので〇。
    よって、正解は 2) と 5)。

☆少し発展☆・・・・・・

p.22 のポイント 14 で「人を主語に出来ない形容詞」について学習した時に注意（不定詞の意味上の目的語の時は人を主語に出来る）がありました。ここで説明しましょう。

He is possible for you to meet. 「君は彼に会えるよ」

この英文は正しいですか？　ポイント 14 から考えれば possible は人を主語に出来ないから正しくない。

It is possible for you to meet him. が正しい、と思うでしょう。

もちろん、It is ～の英文は正しいのです。でも、上の He is ～の英文も正しいのです。なぜでしょう。「せっかく覚えたのに！」と思うかも知れませんが、こういうことは今後たくさん出てきます。根気よく覚えざるを得ません。諦めないこと!!

さあ、解説。It is ～の英文で him は何の働きでしょう。to 不定詞の意味上の目的語なのが分かりますか。ポイント 14 の＊で記したように、to 不定詞の目的語の時は、人を主語の英文に書き換えられるのです。つまり、「彼は～できない」は He is possible ～では表現できませんが、「彼と（を、に）～できない」の意味では He is possible ～と言えるのです。同様に、It is difficult for me to speak French. は French is difficult for me to speak. と言うことも可能です。（同意の hard も可）その他、safe, easy, dangerous ……もこの書き換えが可能です。少し、難易度が高いので、いずれしっかりと覚えましょう。

②副詞

名詞を修飾するのが形容詞でした。それに対して副詞は、動詞・形容詞・他の副詞・文を修飾します。ここでは、《頻度を表す副詞》と《紛らわしい副詞》について覚えましょう。

1）頻度を表す副詞の位置

「頻度を表す副詞」には次の代表的な語があります。

・often「よく」　・always「いつも」　・usually「たいてい」

・sometimes 「時々」　・rarely/seldom 「めったに～ない」

・never 「決して～ない」……

これらの副詞はどこにおけば良いのでしょうか。

 Q. 次の日本文に合うように（  ）内の語を並べかえなさい。

  1）ビルはたいてい 11 時前には寝ます。

   Bill ( before / goes / bed / usually / to / eleven ).

   ⇒

  2）自分のことは、いつも自分ですべきだ。

   You ( yourself / always /after /should / look ).

   ⇒

次のルールさえ理解していれば、容易な問題です。

 ① 通常一般動詞の前に置く

 ② be 動詞・助動詞があればその後ろに置く

A. 1) Bill ( usually goes to bed before eleven ).

  2) You ( should always look after yourself ).

2）紛らわしい副詞

 形が似ているけれど意味の異なる「紛らわしい副詞」を取り上げてみました。さあ、区別が付きますか？　意味を書いてみましょう。

 ① late　(    )　/　lately (     )

 ② hard (    )　/　hardly (     )

 ③ near (    )　/　nearly (     )

 ④ most (    )　/　mostly (     )

 ⑤ high (    )　/　highly (     )

 知らなかった語があれば、次のポイントで確認！


ポイント 58

紛らわしい副詞はしっかりと区別！

 late（遅く）　/　lately（最近）

 hard（一生懸命に）　/　hardly（ほとんど～ない）

 near（近くに）　/　nearly（ほぼ～）

 most（最も）　/　mostly（たいていは）

 high（高く）　/　highly（大いに）

☆少し発展☆・・・・・・

　間違えやすいものとして enough の位置、most と almost の違いがあります。

　まずは enough の位置を確認しましょう。enough には「十分に」の意味の副詞と、「十分な」の意味の形容詞があります。形容詞や副詞を修飾する副詞の場合は後ろから修飾します。例えば、「十分に大きい」は large enough であり、enough large ではありません。一方、名詞を修飾する形容詞の場合は前後どちらからでも修飾できます。「十分な光」は enough light でも light enough でも間違えではありません（普通は前に置きますが）。ちなみに形容詞の場合、可算名詞（複数形）でも不可算名詞でも修飾ができます。次に、most と almost の違いです。まず、almost の品詞が分かりますか？　副詞です。つまり名詞を修飾することは出来ないのです。一方 most には形容詞の働きがあるので直接、名詞を修飾することができます。「ほとんどの学生」は almost students とは言えませんが most students とは言えます。ただし、間に all という形容詞が入れば「ほとんど全ての学生」の意味で almost all students と言うことが出来ます。almost が all を、all が students をそれぞれ修飾しているからです。次に、of を挟む場合、almost all of students とは言えず almost all of the students になります。つまり all of のうしろには限定されたもの（the）が来るのです。これは、most も同じで most of students ではなく most of the students と言わなければなりません。少々、面倒なところはありますが、理解して覚えておくと、必ず役に立つ時が来るはずです。

《8》前置詞

　いよいよ最後の項目「前置詞」です。もちろん、細かく見ればまだまだ学習すべき項目はたくさんありますが、本書に書かれていることを確実に理解することが大学入試合格への第1関門です。曖昧な理解はゼロに等しい！　と心に留めて、自信が持てるまで何度でも何度でも読み返して下さい。

前置詞とはその字の如く、詞（ことば・名詞類）の前に置くものです。前置詞＋名詞・代名詞で句を作り、形容詞や副詞の働きをするのです。日本語の「〜で」「〜に」などに当たる部分を英語では前置詞を用いて表します。しかし、前置詞だけでもかなりの数があり、二重前置詞・群前置詞・熟語まで手を伸ばせばキリがないくらいになってしまいます。もちろん、それらを羅列することも可能ですが、それは分厚い参考書に任せておき、ここでは基本的な前置詞をそのイメージに着眼点を置き見ていくこと、紛らわしい前置詞をしっかりと区別することの2つにターゲットを絞って学習しましょう。

1）基本的前置詞のイメージ

まずはどれくらい出来るか基本的前置詞の問題にチャレンジしてみましょう。その後にポイントを理解し、もう一度解き直して基本的な前置詞の用法を身に付けよう。

《基礎力確認問題》

Q. 次の（　）内に適切な前置詞を入れなさい。

1）My favorite singer is playing (　　　) the Tokyo Dome.

2）My brother is living (　　) London.

3）How about having dinner (　　　) Christmas Eve?

4）How long does it take to travel (　　) here (　　) the station?

5）This beach is not good (　　) swimming.

6）Do you know the title (　　) her latest novel?


ポイント59

基本前置詞はそのイメージを大切に！

| at | 《点》 | in | 《空間内部・時間内》 |
|---|---|---|---|
| on | 《接触》 | from | 《起点》 |
| to | 《到達点》 | for | 《向かう方向》 |
| of | 《部分》 | | |

　atは【＋場所（地点）・時間（時点）】の「ある一点」を表す。inは【＋場所・年月・季節】広がりある「空間内」や、幅のある「期間」

を表す。on は【＋場所・（特定の）日】面への接触を表す。from は【＋場所・時間】動作・状態の始まりを表す。to は【＋場所・時間】動作・状態の終点を表す。for は【＋方向・目的・目標・期間】目的・目標は「〜に向かって」の意味から。of は【所属・所有】を表し「〜の一部」を表す。これらの事から答えは

A. 1) at 2) in 3) on 4) from / to 5) for 6) of　になります。

　　以下のようなイメージです。

1)at 広がりを意識しないある一点　2)in 広がりのある空間の内部

3)on 表面への接触　　　　4)from＜起点＞to＜到達点＞

5)for 向かう方向　　　　6)of 全体の一部

2) 紛らわしい前置詞

　使い分けに注意が必要なものを見ていきましょう。

　**Q.** 次の日本文に合うように、各文の正しい方を選びなさい。

1) 五時までは家にいなさい。その後は出掛けてもいいですよ。

　Stay home ( until / by ) 5:00. You may go out after that.

2) 彼女は昨日からずっと病気で寝ています。

　She has been sick in bed ( from / since ) yesterday.

3) 英語に加えて世界史の勉強もしなければなりません。

　( Beside / Besides ) English, we have to study world history.

4) 私の家は木々に囲まれて建っています。

　My house stands ( among / between ) the trees.

5) ここで 10 分間お待ちください。

　Please wait here ( for / during ) ten minutes.

A. 1) until

「～までに」と期限を表すのは by、「～まで（ずっと）」と継続を表すのは until (till)。

2) since

現在・過去完了形と共に用いて「～以来ずっと」は since。

3) Besides

beside は「～のそばに」(=close to～) besides は「～に加えて」(=in addition to～) の意味。

4) among

２者の間では between、３者以上には among。

＊個別の関係を意識するときは３者以上でも between を用いる。

5) for

特定の期間を表す場合は during、定冠詞や所有格の名詞などが後に続く。for は単なる《継続期間》を表し、数詞が付いた名詞が続く。


☆少し発展☆・・・・・・

基本単語にも特別な意味を持つ場合があります。例えば in。The man in blue～　どんな意味でしょう。「あの青い服を着た人～」です。知らなければ in の穴埋めは難問でしょう。もうひとつ、仮定法の例題でみた(p.60)「方向・方角」の in。「太陽は東から昇る」は The sun rises in the east. で、「西に沈む」は The sun sets in the west. で、from や to は使いません。次に for。「賛成？　反対？」は英語で for or against　と表現します。もうひとつは「引き換え」を表す for。「私はその本を 10 ドルで買った」は I bought the book for 10 dollars. 最後は die of～と die from の違い。die of ～は「病気で死ぬ」die from～は「怪我で死ぬ」で表します。厳密とは言えませんが一般的な区別なので覚えておきましょう。

# ■第4章■

## "速習英文法総括"

## 総まとめ！

いよいよ総括です。まずは、ポイントチェックからはじめよう！

《1》59（合格）ポイントチェック

　　今まで見てきたポイントを再チェック！　何の事だっけ？　と思
　　うところは、しっかり戻って理解出来ているか確認。曖昧は時間の
　　無駄です。どうせやるのなら「徹底して理解」を目指そう！

### ポイント1
英語の動詞には、目的語「〜に」「〜を」が無いと意味が通じない「他動詞」
と、それだけで意味が通じる「自動詞」とがある。

### ポイント2
第4文型から第3文型への書き換えに用いる前置詞の分類は
　　to　⇒　give　型動詞「相手に何かを届かせる」
　　　　例：give , teach, show, send ……
　　for ⇒　buy　型動詞「相手の利益になるよう買ったり作ったりする」
　　　　例：buy , find , make , get ……
　　of　⇒　動詞が ask の時 ……

### ポイント3
間違えやすい代表的自動詞、他動詞は覚えよ！
　　自動詞：complain(文句を言う) agree(同意する) apologize(謝る)
　　　　　　arrive(着く) wait(待つ) reply(答える)
　　他動詞：marry(〜と結婚する) enter(〜に入る) discuss （〜について話し

合う）approach(〜に近づく) mention(〜に言及する)
attend(〜に出席する) reach(〜に到着する)resemble(似ている)
climb(〜に登る) address(〜に話しかける)

## ポイント４
時制重要ルール①
時・条件を表す副詞節の時、未来の事でも現在時制で代用する！

## ポイント５
時制重要ルール②
英語の動詞には'動作動詞'と'状態動詞'がある。この内'状態動詞'
「〜である」は進行形が作れないのが基本。

## ポイント６
時制重要ルール③
「現在完了形」と一緒に使えない語句は
　1.when　2.ago　3.just now　4.a moment ago　5.since の付かない過去
　を表す語の５つ。

## ポイント７
時制重要ルール④
二つの過去の出来事で、より前に起こった事は過去完了で表す。

## ポイント８
時制重要ルール⑤
be＋to 不定詞には６つの意味がある
「予定」「命令」「義務」「可能」「意志」「運命」

## ポイント９
that 節で should を必要とする代表的な７語
natural , right , necessary , insist , advise , strange , surprising

### ポイント 10
need は、否定文・疑問文の時は助動詞または一般動詞、肯定文は
一般動詞。過去形は全て一般動詞である

### ポイント 11
will と shall の区別は
①ほとんどが will、②shall の用法は２つのみ！

### ポイント 12
助動詞に完了形をつけて「過去への推量」を表す。＊p.p.は過去分詞
　① cannot have p.p. 「～だったはずがない」
　② must have p.p. 　「～だったに違いない」
　③ may have p.p. 　「～だったかも知れない」
　④ should (ought to) have p.p. 「～すべきだったのに」
　　（実際はしなかった）

### ポイント 13
準動詞の共通点
　①文に相当はしているが文ではない
　②否定語は直前に置く　not＋to , not＋ing
　③書き換え時、２つの文の主語が異なれば意味上の主語を書く
　④書き換え時、２つの文の時制が異なれば完了形で書く to have＋p.p.,
　　having＋p.p.

### ポイント 14
人を主語にできない形容詞ベスト 6
　(im)possible（(不)可能な）, difficult（困難な）, natural（当然な）,
　necessary（必要な）, important（大切な）, convenient（都合がいい）
　＊不定詞の意味上の目的語の時は人を主語に出来る。（p.109 で解説）

## ポイント 15
to 不定詞を目的語に取る代表的他動詞
want/wish（〜したい）, agree（〜に同意する）
decide/determine（〜を決める）, expect（〜するつもりである）
promise（〜を約束する）, hope（〜を望む）, offer（〜を申し出る）
manage（何とか〜する）, tend（〜する傾向にある）……

## ポイント 16
不定詞の書き換え時
＊時制が一致　・・・　to＋原形
＊時制が不一致　・・・　to have＋p.p.

## ポイント 17
動名詞を目的語に取る代表的他動詞
mind（〜することを気にする）, enjoy（〜することを楽しむ）
give up（〜することを諦める）, admit（〜することを認める）
finish（〜することを終える）, escape（〜することを免れる）
practice（〜することを練習する）, stop（〜することを止める）
deny（〜することを否定する）, avoid（〜することを避ける）

## ポイント 18
動名詞への書き換えに用いられる熟語ベスト5
① be sure of〜　　　「〜を確信する」
② be ashamed of 〜　「〜を恥じる」
③ insist on 〜　　　「〜と言い張る」
④ be proud of 〜　　「〜を誇りに思う」
⑤ be sorry for 〜　　「〜を申し訳なく思う」

## ポイント 19
動名詞の書き換え時
＊時制が一致　・・・　〜ing
＊時制が不一致　・・・　having＋p.p.

### ポイント 20

分詞が名詞を修飾する時

　＊１語で名詞を修飾する場合は⇒前から

　＊２語以上で名詞を修飾する場合は⇒後ろから　が基本（例外あり）

### ポイント 21

分詞構文の意味は

　①時(when,as ……　)　②理由・原因(because,as,since ……　)

　③仮定・条件(if,suppose ……　)　④譲歩(though,although ……　)

　⑤付帯状況・結果(and)　⑥完了(after)

　の６つ

### ポイント 22

慣用的分詞構文５つ

　① frankly speaking　「率直に言って」

　② generally speaking　「一般的に言って」

　③ strictly speaking　「厳密に言って」

　④ speaking[talking] of ...「……と言えば」

　⑤ judging from ...「……から判断すると」

### ポイント 23

＊知覚動詞

　　　知覚動詞＋目的語＋原形　　「(目的語が) ～するのを……」

　　　　　　　　　　　　　～ing　　　　　　　～しているのを……」

　　　　　　　　　　　　　p.p.　　　　　　　　～されるのを……」

＊使役動詞　　「～してもらう」「～させる」「～許す」etc.

　　　① make / have＋目的語＋原形/ p.p.

　　　　(make は「無理強いする」have は「お願いしてやってもらう」)

　　　② get＋目的語＋to～/p.p.

　　　③ let＋目的語＋原形

## ポイント 24
＊原級⇔最上級の書き換え公式
　　S＋V＋最上級　〜
＝否定語＋(other)名詞＋V＋as(so)＋原級＋as＋S．

## ポイント 25
＊比較級⇔最上級の書き換え公式
＝否定語＋名詞＋V＋比較級＋than＋S．
　　　　又は
＝S＋V＋比較級＋than＋any other＋単数名詞　〜．

## ポイント 26
＊A is no 比較級　than B.
　⇒ AとBは「同じ」(=)
＊A is not 比較級　than B.
　⇒ AとBでは「差がある」(＜,＞)

## ポイント 27
比較の文は数学と同じ。プラスとマイナスではマイナス。マイナスとマイナスを掛け合わせるとプラスになると考える。

## ポイント 28
no more than = only　（たったの〜）
not more than = at most（せいぜい〜）
no less than = as many/much as　（〜も）
not less than = at least　（少なくとも）

## ポイント 29
英語とは結論や自分の言いたい事をまず言いたい言語なのです！

### ポイント 30
関係代名詞 that が優先的に使われるのは
　①先行詞に all, every, any, no がある場合
　②先行詞に形容詞の最上級、助数詞（the first など）、the only,
　　the very, the last, the best など特定のものについて述べる場合
　③先行詞が《人＋人以外》の場合
　④先行詞が疑問詞（who）の場合
　　＊疑問詞 Who は本来、人に対して用いるので、関係代名詞は
　　　who になるのですが、それだと Who who 〜？　になってし
　　　まうので that を用いる。
　⑤関係代名詞が be 動詞を使った節（S-V）で補語になるなる場合
　（例）She is not the woman that she used to be.
　　　　「彼女はかつてのような女性ではない」
　　　　の５つ！

### ポイント 31
関係代名詞 what の３つのポイント
　①名詞の働きなので「こと・もの」と訳す。
　②続く節（S-V）が文の主語、補語、目的語になる。
　③慣用表現は暗記あるのみ！

### ポイント 32
関係代名詞が前置詞の目的語の働きを持つとき、その前置詞
を「引き連れて」行くことも「置き去り」にすることも可能。
「引き連れて」行く場合、関係代名詞の省略や that / who の
使用は不可。

### ポイント 33
《関係副詞》は後ろが文として成立、つまり完全文。
《関係代名詞》の後ろは文として不成立、主語や目的語が不足して
　いる不完全文。

## ポイント 34

《複合関係代名詞》

  whoever  「誰でも〜」=anyone who

        「誰が/ に/ を〜しても」=no matter who

  ＊所有格は whosever 、目的格は whomever になる。

   ただし、目的格の whomever は whoever で代用される

   ことが多い。

  whichever 「どれ（どちら）でも〜」=any one that

        「どれが/ に/ を〜しても」=no matter which

  whatever  「何でも〜」=anything that

        「何が/ に/ を〜しても」=no matter what

《複合関係副詞》

  whenever  「いつでも〜」=at any time when

        「いつ〜しても」=no matter when

  wherever  「どこでも〜」=at any place where

        「どこに/ で/ に〜しても」=no matter where

  however  「どれほど〜でも」=no matter how

## ポイント 35

《仮定法過去の公式》

 現在の事実に対する仮定、和訳は現在時制

 If＋S'＋動詞の過去形, S＋助動詞の過去形(would/could/might)＋

 動詞の原形〜. 「もし〜ならば、〜だろう」

  注：be 動詞の過去形は were を用いる。但し口語では was を

    用いる事も多い。

## ポイント 36

《仮定法過去完了の公式》

 過去の事実に対する仮定、和訳は過去時制

 If＋S'＋過去完了（had p.p.）, S＋助動詞の過去形(would/could/might)

 ＋have p.p.〜.

 「もし〜だったならば、〜だっただろう」

### ポイント 37
《時制のずれた仮定法表現の公式》
　過去の事実に対する仮定と、現在の状況が組み合わされた形。
「もし〜だったならば、〜だろう」
　If＋S'＋過去完了〜，　S＋助動詞の過去形（would 他）＋動詞の原形〜．

### ポイント 38
《未来に言及する仮定法の公式》
　　１．If＋S'＋should＋V'〜, S＋will / would＋原形〜．
　　　　　　　　　　　　　,命令文〜．
　　　「もし万が一〜なら、〜だろう」
　　　＊可能性が高い場合は will を用いる
　　２．If＋S'＋were to＋V'〜,S＋would＋原形〜．
　　　「もし仮に〜ならば、〜だろう」

### ポイント 39
《願望を表す仮定法》
　　S＋wish　〜
　　　＊過去への願望「〜だったらなあ」
　　　　→過去のことに言及しているので、仮定法過去完了と同じと
　　　　　考える。《had＋p.p.》
　　　＊現在への願望「〜ならなあ」
　　　　→現在のことに言及しているので、仮定法過去と同じと考え
　　　　　る。《過去形》
　　　＊未来への願望「〜になればなあ」
　　　　→未来のことに言及し would を用います。

### ポイント 40
「あたかも〜」の表現
as if＋ 仮定法過去　　「あたかも……であるかのように」
as if＋ 仮定法過去完了「あたかも……であったかのように」
　（as though を使うことも出来る）

## ポイント 41

＊進行形の受動態

　be ＋ being ＋ 過去分詞

＊完了形の受動態

　have ( has / had ) ＋ been ＋ 過去分詞

＊助動詞の受動態

　助動詞 ＋ be ＋ 過去分詞

＊疑問文の受動態

　be 動詞を主語の前に

＊疑問詞の受動態

　①疑問代名詞 （who , what , which）

　　⇒疑問詞 ＋ be 動詞 ＋ 過去分詞

　　◎「誰によって」の時は　Who ～ by？

　　　　　　　　　　又は By whom ～？

　②疑問副詞　（ when , where , why , how ）

　　⇒疑問詞 ＋ be 動詞 ＋ 主語 ＋ 過去分詞

## ポイント 42

＊話法転換時の時制

| 直　接　話　法 |  | 間　接　話　法 |
|---|---|---|
| 現在，" 現在." | ⇒ | 現在 that 現在 ～. |
| 現在，" 過去." | ⇒ | 現在 that 過去 ～. |
| 過去，" 現在."　　will | ⇒ | 過去 that 過去 ～.　　would |
| 過去，" 過去." | ⇒ | 過去 that 過去完了 ～. |

## ポイント 43

話法転換時の時制時・場所・指示語の変化は次の表を確認

| 直　接　話　法 | | 間　接　話　法 |
|---|---|---|
| this | ⇒ | that |
| these | ⇒ | those |
| here | ⇒ | there |
| today | ⇒ | that day |
| yesterday | ⇒ | the day before / the previous day |
| tomorrow | ⇒ | the next day / the following day |
| now | ⇒ | then |
| last night | ⇒ | the night before / the previous night |
| next week | ⇒ | the next week / the following week |
| ago | ⇒ | before |

## ポイント 44

英語では否定語は文頭に近いところに置くもの！

## ポイント 45

部分否定と全否定①

否定語＋全体語＝部分否定「(すべてが) ～というわけではない」

否定語＋部分語＝全否定「(すべてが) ～ではない」

## ポイント 46

部分否定と全否定②

| | 2つ | 3つ以上 | ＋否定語 |
|---|---|---|---|
| 全部 | both | all | 部分否定 |
| どれか | either | any | 全否定 |

## ポイント 47

一つの文の中に否定語が2つあれば《－》×《－》になるので「肯定」の意味を表す。

## ポイント 48

―that の分類―

　　that 以下が文として成立していれば接続詞

　　that 以下が文として成立していなければ関係代名詞

　　接続詞の that は 2 つの節を繋げる働き、関係代名詞の that
　　は名詞（先行詞）の説明をする働き

## ポイント 49

「～するやいなや」の表現はまとめて覚えよ！

① as soon as　② no sooner ～ than…

③ hardly・scarcely ～ when・before …　④ on－ing

⑤ the moment・instant・minute・second S-V～

## ポイント 50

as long as …　「条件・時」を表し「……する限りは」

as far as …　　「程度・範囲」を表し「……する限りでは」

## ポイント 51

不可算名詞の代表語は

advice (忠告) / change (小銭、釣り銭) / furniture (家具類)

information (情報) / scenery (風景) …

## ポイント 52

-s で終わる複数名詞の所有格は-s の後ろにアポストロフィー（'）！

## ポイント 53

a と an の区別はスペルで決まるのではなく、発音によって決まる。

## ポイント 54

《so / as / too / how＋形容詞＋a(an)＋名詞》の語順は必須事項！

## ポイント 55

《限定用法》と《叙述用法》によって意味の異なる形容詞

|  | 限定用法 | 叙述用法 |
|---|---|---|
| late | 亡くなった・最近の | 遅れた |
| certain | ある | 間違いない |
| present | 現在の | 出席している |
| able | 有能な | 出来る |

## ポイント 56

《数・量》を表す代表的形容詞

|  | 可算名詞（数） | 不可算名詞（量） |
|---|---|---|
| 多　い | many / a great(large) number of | much / a great(good) number of |
| かなり多い | quite(not) a few | quite(not) a little |
| 少しだけある | a few | a little |
| ほとんどない | few / only(just) a few / very few | little / only(just) a little / very little |

## ポイント 57

人を主語にする代表的形容詞

able / unable (出来る/出来ない), glad・happy (うれしい),
sorry (気の毒な・後悔している), afraid (恐れる), sure (確信している)

## ポイント 58

紛らわしい副詞はしっかりと区別！

late (遅く) / lately (最近)
hard (一生懸命に) / hardly (ほとんど～ない)
near (近くに) / nearly (ほぼ～)
most (最も) / mostly (たいていは)
high (高く) / highly (大いに)

ポイント59

基本前置詞はそのイメージを大切に！

| at | 《点》 | in | 《空間内部・時間内》 |
|---|---|---|---|
| on | 《接触》 | from | 《起点》 |
| to | 《到達点》 | for | 《向かう方向》 |
| of | 《部分》 | | |

《2》練習問題100本ノック

練習問題100問ノックで総仕上げです。次の順で取り組んで下さい。

① 穴埋め問題100問にチャレンジ
②《3》の正解で○付け
③ 間違えた箇所を再学習
④ 満点を取れるまで何度でもチャレンジ！
⑤ 正解横の Q.に解答《答えられなければ、該当ページを読み返して完璧なものに！》

さあ、基礎力完成に向けてラストスパートです。ここをしっかりと身に付ければ、その後の大きな飛躍に繋がるはずです。頑張ろう！

Q. 次の日本語に合うように（　　）内に適語を入れなさい。
1. 彼は彼らのためにチケットを買った。
   He bought tickets (　　　　　) them.
2. 彼は子供たちにたくさんの写真を見せました。
   He showed a lot of photos (　　　　　) the children.
3. 雨が止んだら試合を始めます。
   We will start the game when the rain (　　　　　).
4. 明日晴れれば、泳ぎに行きましょう。
   If it (　　　　　) fine tomorrow, let's go swimming.
5. 私が駅に着いたとき、列車はすでに出発してしまっていた。
   The train (　　　　　) already left when I arrived at the station.

6. 私たちは今日家にいるつもりです。

We are (　　　　　　) to stay at home today.

7. 彼は今夜演説をすることになっています。

He is (　　　　　　) make a speech tonight.

8. そのドアはどうしても開かなかった。

The door (　　　　　　) not open.

9. 私は若い頃よく野球を見に行ったものでした。

When I was young, I (　　　　　　) often watch baseball.

10. 彼女がそんなことを言うなんて奇妙だ。

It is strange that she (　　　　　　) say that.

11. 彼は医者に診てもらう必要がある。

He (　　　　　　) to see a doctor.

12. この本を君にあげよう。

You (　　　　　　) have this book.

13. あたなは、もっと熱心に勉強すべきだったのに。

You (　　　　　　) have studied harder.

14. 私が彼に初めて会ったとき、彼は 20 歳だったに違いない。

He (　　　　　　) have been twenty when I first met him.

15. あなたに会えてとてもうれしい。

I'm very happy (　　　　　　) meet you.

16. 書く紙がありません。

I have no paper to write (　　　　　　).

17. 私を助けてくれて、あなたは親切ですね。

It is kind (　　　　　　) you to help me.

18. 誰もが自分の将来について考える事は大切なことです

It is important (　　　　　　) everyone to think about their future.

19. 彼は留学することを決めました。

He has decided (　　　　　　) study abroad.

20. 彼は病気だったようでした。

He seemed to have (　　　　　　) ill.

21. 彼女の両親は彼女が映画に行くのを許しました。

Her parents (　　　　　　) her to go to the movie.

22. 彼に会ったことは決して忘れません。
    I'll never forget (　　　　　　) him.
23. 君と話すのを楽しみました。
    I enjoyed (　　　　　　) with you.
24. このズボンはアイロンをかける(press)必要があります。
    These pants need (　　　　　　).
25. 彼はその試験に落ちたことを恥ずかしく思いました。
    He was ashamed of (　　　　　) failed the exam.
26. ここで煙草を吸っても構いませんか。
    Do you mind (　　　　　) smoking here?
27. メガネをかけているその女性は私のおばです。
    The woman (　　　　　　) glasses is my aunt.
28. 私はこの仕事を明日までに終えたい。
    I want this work (　　　　　) by tomorrow.
29. 警察官を見た時、その泥棒は走り去った。
    (　　　　　) a policeman, the thief ran away.
30. とても寒かったので、私は一日中家にいました。
    (　　　　　) being very cold, I stayed at home.
31. 簡単な英語で書かれているので、その本は子供達でも読むこと
    が出来ます。
    (　　　　　) in easy English, the book can be read even
    by children.
32. ジョンの部屋は私の部屋よりずっと広い。
    John's room is (　　　　　) larger than mine.
33. これが世界で一番良いワインです。
    (　　　　　) wine in the world is as fine as this.
34. これは、世界で最も高いビルです。
    This is taller than (　　　　　) other building in the world.
35. この湖はこの５つの湖で一番深い。
    This lake is (　　　　　) deepest of the five.
36. 彼女は姉（妹）より美しくありません。
    She is (　　　　　) more beautiful than her sister.

37. 彼女は姉（妹）より美しい。

   She is not (　　　　　) beautiful than her sister.

38. 神戸の人口は、京都の人口とほぼ同じです。

   The population of Kobe is about as large as (　　　　　) of Kyoto.

39. 私は猫より犬が好きです。

   I (　　　　　) dogs to cats.

40. キタムラ先生は教師というよりむしろ学者です。

   Mr. Kitamura is not so much a teacher (　　　　　) a scholar.

41. この車はあの車より優れている。

   This car is (　　　　　) to that one.

42. これは私が好きな色のペンです。

   This is a pen (　　　　　) color I like very much.

43. 正直だと思っていた人が私に嘘をついた。

   The man (　　　　　) I thought was honest lied to me.

44. これこそが私が欲しいものです。

   This is (　　　　　) I want.

45. ここは彼女が生まれた町です。

   This is the city which she was born (　　　　　).

46. ここは私が去年訪れた村です。

   This is the village (　　　　　) I visited last year.

47. 彼は聞いてくれる人には誰にでもその話をしました。

   He told the story to (　　　　　) would listen.

48. 彼は、どれほどたくさんお金を稼いでも満足しないようだ。

   (　　　　　) much money he earns, he doesn't seem to be satisfied.

49. 好きな時に寝て構わないよ。

   You may go to bed (　　　　　) you like.

50. もしお金があれば、その本を買うことが出来る。

   If I (　　　　　) enough money, I could buy the book.

51. 彼の住所を知っていたならば、彼に手紙を書くことが出来たのに。

   If I (　　　　　) known his address, I could have written to him.

52. もし、彼女が 7 時の列車に乗っていたならば、彼女は今ここにいるだろう。

If she had taken the 7:00 train, she (　　　　　) be here now.

53. 万が一彼が気持ちを変えるなら、私に電話してくるでしょう。

If he (　　　　　) change his mind, he would call me.

54. 太陽が西から昇っても、私は気持ちを変えません。

If the sun (　　　　　) to rise in the west, I would not change my mind.

55. 兄弟がいればなあ。

I wish I (　　　　　) a brother.

56. 彼の母親はまるでティーンエイジャーのように話します。

His mother talks (　　　　　) if she were a teenager.

57. もし水がなければ、もはや生きてはいけない。

If it (　　　　　) not for water, we could not live any longer.

58. もし彼がいなかったならば、今日ここにいないでしょう。

(　　　　　) him, I would not be here today.

59. 紳士であれば、そんな失礼なことはいわないでしょう。

A gentleman (　　　　　) say such a rude thing.

60. 彼は一生懸命勉強しました。もしそうでなかったならば失敗していたかもしれません。

He studied hard ; (　　　　　) he might have failed.

61. 彼らは夕食の準備をしていました。

Supper was (　　　　　) prepared by them.

62. 誰がこの絵を描いたのですか。

(　　　　　) whom was this picture painted?

63. 彼は前の試合で大けがをしました。

He was severely injured (　　　　　) the last game.

64. その本はほこりで覆われている。

The book is covered (　　　　　) dust.

65. そのピアニストは世界中の人々に知られている。

The pianist is known (　　　　　) people all over the world.

66. 私はその知らせに驚いた。

I was surprised (　　　　　) the news.

67. ガリレオは地球は太陽の周りを回っていると言った。
    Galileo said that the earth (　　　　　) around the sun.
68. 彼女は私に翌日その本を売るつもりだと話しました。
    She told me that she was going to sell that book the (　　　　　)
    day.
69. 彼は、彼女を愛しているのに彼女は全く自分の事を愛していな
    いと言いました。
    He said that he loved her, but (　　　　　) she didn't love him
    at all.
70. 年配の女性が私にドアを開けてくれるよう頼んだ。
    The elderly woman asked me (　　　　　) open the door for her.
71. 彼は彼女に行こうと言った。
    He (　　　　　) to her that they should go.
72. 彼にもう一度会うなんて夢にも思わなかった。
    Little (　　　　　) I dream that I would ever see him again.
73. 彼女は本当に音楽が好きなんだ。
    She (　　　　　) like music.
74. いったい何を君は何をしているんだい。
    What on (　　　　　) are you doing?
75. 私はそんなことに全然興味がない。
    I'm not in the (　　　　　) interested in such things.
76. トムは風邪をひきました。そして彼の姉も風邪をひきました。
    Tom caught cold and (　　　　　) did his sister.
77. お金が必ずしも幸福をもたらすとは限らない。
    Money does not (　　　　　) bring happiness.
78. 私はどちらの写真も好きではありません。
    I don't like (　　　　　) photo.
79. これらの少年たちを私は誰も知りません。
    I don't know (　　　　　) of these boys.
80. ペットボトルには、ほとんど水が入っていなかった。
    There was (　　　　　) water in the plastic bottle.

81. 彼が話していたことは、ほとんど理解できなかった。

I could (　　　　　) understand what he was saying.

82. 彼女が友達みんなにメールを送らない日は一日もありません。

She never spends a day (　　　　　) emailing all her friends.

83. その歌を聴くと、泣かずにはいられない。

I cannot (　　　　　) crying when I hear that song.

84. 赤ん坊は泣いてばかりいる。

Babies do nothing (　　　　　) cry.

85. 登山隊はまもなく頂上に到達した。

It was not long (　　　　　) the party reached the summit.

86. 友達を選ぶのにいくら注意してもしすぎることはない。

You cannot be (　　　　　) careful in the choice of your friends.

87. 彼の話は決して退屈ではなかった。

His story was (　　　　　) from boring.

88. 君も私も間違っている。

Not only you but also I (　　　　　) wrong.

89. 私たちは北海道にも沖縄にも行ったことがありません。

We have never been to Hokkaido (　　　　　) Okinawa.

90. 家を出るとすぐに、雪が降り始めました。

No (　　　　　) had I left home than it began to snow.

91. 家を出るとすぐに、雪が降り始めました。

(　　　　　) my leaving home, it began to snow.

92. 私が知る限り、彼は無罪です。

As (　　　　　) as I know, he is not guilty.

93. 彼はいつの日かイチローのような選手になりたがっている。

He wants to be (　　　　　) Ichiro some day.

94. 日本の気候はイギリスの気候よりも温暖です。

The climate of Japan is milder than (　　　　　) of England.

95. 明日カメラが必要なので、貸してくれませんか。

I need a camera tomorrow. Can you lend me (　　　　　)?

96. 彼らがその計画に同意するのは間違いない。

It is (　　　　　) that they will agree to the plan.

97. ポール一家は現在の住所に 10 年間住んでいます。

    The Pauls have lived at their (　　　　　　) address for 10 years.

98. 今年はあまり雨が降っていません。

    We haven't had (　　　　　) rain this year.

99. 五時までは家にいなさい。その後は出掛けてもいいですよ。

    Stay home (　　　　　) 5:00. You may go out after that.

100. 英語に加えて世界史の勉強もしなければなりません。

    (　　　　　) English, we have to study world history.

《3》練習問題 100 本ノック解答と Q.

| | 正　　解 | Q. |
|---|---|---|
| 1 | for | 第 3 文型で for を使う代表的動詞は？(p.7) |
| 2 | to | 第 3 文型で to を使う代表的動詞は？(p.7) |
| 3 | stops | will stop でない理由は？(p.9) |
| 4 | is | will be でない理由は？(p.10) |
| 5 | had | 過去完了を使う理由は？(p.12) |
| 6 | going | 今日の事なのになぜ be going to？(p.13) |
| 7 | to | be＋to 不定詞の 6 つの意味は？(p.14) |
| 8 | would | この would の用法は？(p.15) |
| 9 | would | この would と used to の違いは？(p.15) |
| 10 | should | that 節に should が必要な代表語 7 語は？(p.16) |
| 11 | needs | need の品詞の見極め方は？(p.16) |
| 12 | shall | I を主語に書き換えると？(p.17) |
| 13 | should | 助動詞＋完了形の意味は？(p.17) |
| 14 | must | 同上 |
| 15 | to | この to は何を表す何用法？(p.21) |
| 16 | on | なぜこの on が必要？(p.21) |
| 17 | of | 人の性質を表す代表的形容詞は？(p.22) |

| 18 | for | 人を主語に出来ない形容詞ベスト6とは？(p.22) |
|---|---|---|
| 19 | to | to 不定詞を目的語に取る代表的他動詞9語は？(p.22) |
| 20 | been | It を主語に書き換えたら？(p.24) |
| 21 | allowed | 類義語とその違いは？(p.25) |
| 22 | meeting | forget to と forget -ing の違いは？(p.26) |
| 23 | talking | 動名詞を目的語に取る代表的動詞10語とは？(p.26) |
| 24 | pressing | この need と同じように＋ing で受け身の意味になる語は？(p.27) |
| 25 | having | 動名詞への書き換えに用いられる熟語ベスト5は？(p.28) |
| 26 | my(me) | 所有格（目的格）を置く理由は？(p.29) |
| 27 | wearing | 分詞を名詞の前に置く場合と後ろに置く場合の違いは？(p.30) |
| 28 | finished | finish ではダメな理由は？(p.30) |
| 29 | Seeing | 接続詞を用いて書き換えたら？(p.31) |
| 30 | It | 独立分詞構文とは何？(p.32) |
| 31 | Written | 文頭に省略されている語は？(p.32) |
| 32 | much | much 以外に使える語は？(p.37) |
| 33 | No | 比較級・最上級で書き換えたら？(p.38・39) |
| 34 | any | 原級・最上級で書き換えたら？(p.40) |
| 35 | the | the を取ると、どんな意味？(p.41) |
| 36 | not | no であれば、どんな意味？(p.42) |
| 37 | less | more であれば、どんな意味？(p.43) |
| 38 | that | この that の働きは？(p.43) |
| 39 | prefer | than を用いて書き換えると？(p.44) |
| 40 | as | 比較の熟語表現（p.44） |
| 41 | superior | than を用いて書き換えると？(p.44) |

| 42 | whose | which を用いて書き換えると？(p.46) |
|----|-------|-------------------------------|
| 43 | who | whom ではダメな理由は？(p.47) |
| 44 | what | この what を 3 語で言い換えれば？(p.48) |
| 45 | in | この文の which は省略出来る、出来ないどっち？(p.50) |
| 46 | which | where ではダメな理由は？(p.51) |
| 47 | whoever | 2 語で言い換えれば？(p.53) |
| 48 | However | 3 語で言い換えれば？(p.53) |
| 49 | whenever | 4 語で言い換えれば？(p.53) |
| 50 | had | 直説法で書けば？(p.55) |
| 51 | had | 直説法で書けば？(p.57) |
| 52 | would | 時制のズレた仮定法表現の公式は？(p.58) |
| 53 | should | should と were to の違いは？(p.59) |
| 54 | were | 同上 |
| 55 | had | 直説法で書き換えれば？(p.62) |
| 56 | as | 直説法で書き換えれば？(p.63) |
| 57 | were | if を吸収した形で書けば？(p.64) |
| 58 | Without | If ～で書き換えると？(p.64) |
| 59 | wouldn't | If 相当表現とは？(p.65) |
| 60 | otherwise | otherwise の部分を条件節で書き換えれば？(p.66) |
| 61 | being | 能動態で書き換えたら？(p.69) |
| 62 | By | 能動態で書き換えたら？(p.69) |
| 63 | in | 受動態で in を用いる他の例は？(p.71) |
| 64 | with | 受動態で with を用いる他の例は？(p.71) |
| 65 | to | 受動態で to を用いる他の例は？(p.72) |
| 66 | at | 受動態で at を用いる他の例は？(p.72) |
| 67 | goes | 時制の一致を受けない理由は？(p.74) |
| 68 | next / following | 直接話法に書き換えると？(p.75) |

| 69 | that | 直接話法に書き換えると？(p.77) |
|----|------|----------------------------|
| 70 | to | 直接話法に書き換えると？(p.77) |
| 71 | suggested | 直接話法に書き換えると？(p.78) |
| 72 | did | I を主語に書き換えると？(p.80) |
| 73 | does | この does の用法は？(p.81) |
| 74 | earth | on earth の 3 語の同意表現は？(p.81) |
| 75 | least | 他の否定語の強調表現は？(p.80) |
| 76 | so | 否定文の時には？(p.81) |
| 77 | necessarily | necessarily 以外の全体語は？(p.84) |
| 78 | either | 部分否定にしたければ？(p.85) |
| 79 | any | any が all ならば意味は？(p.85) |
| 80 | little | few ではない理由は？(p.86) |
| 81 | Hardly | seldom/rarely との違いは？(p.86) |
| 82 | without | 他の二重否定の表現は？(p.87) |
| 83 | help | -ing が動詞の原形なら help は？(p.88) |
| 84 | but | この but の意味は？(p.88) |
| 85 | before | なぜ「まもなく～」の意味に？(p.88) |
| 86 | too | too の後ろに来る品詞は？(p.88) |
| 87 | far | 「決して～ない」の他の表現は？(p.88) |
| 88 | am | 「A だけでなく B も」の他の表現は？(p.91) |
| 89 | or | and ではない理由は？(p.91) |
| 90 | sooner | As soon as ～で書き換えたら？(p.96) |
| 91 | On | I ～で書き換えたら？(p.96) |
| 92 | far | as long as ～との違いは？(p.97) |
| 93 | an | 不定冠詞のその他の用法は？(p.100) |
| 94 | that | この that の用法は？(p.105) |
| 95 | one | it ではない理由は？(p.105) |
| 96 | certain | 限定用法での certain の意味は？(p.106) |
| 97 | present/current | 叙述用法での present の意味は？(p.106) |

| 98 | much | many ではない理由は？（p.107） |
| 99 | until | until と by の違いは？（p.114） |
| 100 | Besides | beside と besides の違いは？（p.114） |

| 得 | |
|---|---|
| 点 | /100 |

何点でしたか？　8割取れたから・・・・・ではダメ！
満点取れるまで何度でもやり直して下さい。
次に、Q.に対する答えが全てしっかりと言えるか確認。全て？　そうです！　全てです。何度も言って来たように「中途はゼロ！」の意識を持ちましょう。


《4》檄文
　以上で『速習英文法』は終了です。あくまで基礎ではありますが、十分実戦で使えるはずです。昨今の大学入試では文法の単独問題が減っているのは事実です。「英文法の授業など役に立たない」
とまで言う先生もいますが、そう言いながらも説明時に文法用語を使わざるを得ないのです。重箱の隅をつつくような設問は無くなりつつありますが、入試長文読解にも基礎英文法力は絶対不可欠なのです。
受験を考えれば、ここからが正念場となりますが、本書で身に付けた基本の力が大いに役立つはずです。自信を持って自らのレベルアップに努めてください。
　PDSA という言葉を聞いたことがある人も多いと思います。これは1950 年代、「品質管理の父」デミング博士によって提唱されたもので、最初は P（Plan 計画）D（Do 実行）C（Check 評価）A（Action 改善）でした。その後 1080 年代後半に C は S（Study 学習）へと変更されました。それは Check（評価）だけでは根本的な解決にならない事からの変更でした。この PDSA というサイクルは受験勉強にも大いに共通するものです。「名言」とともに当てはめてみましょう。

1．中期と短期に分けた計画を立てること。計画のないところに成功はない（「勉強十戒」赤尾好夫《旺文社創業者》より）計画的な学習が出来ないことで２割の人が脱落します。
2．実行　実行なき者に成功なし（吉田松陰）５割の人がここで脱落。
3．学習　デミング博士が言うようにcheck（評価）では不十分。原因追及が必要です。原因が発見できず６割の人が脱落。
4．改善　あら探しをするより改善策を見つけよ。不平不満など誰でも言える（ヘンリー・フォード）ここで躓いたら元も子もありません。ここまでで７割の人が脱落するのです。

さあ、君は残りの３割の人になれる自信はありますか？
大丈夫です。黙っていても７割の人は脱落していくのですから。要は「やる気」と「やり方」さえ間違えなければ良いのです。今の実力は関係ありません。もし君が、本書をここまでしっかりと取り組めたのであれば、今後、間違いなく向上します。君の中の変化はもう起きているのですから。自信を持って栄冠目指して突き進んでください。

　　唯一生き残るのは、変化できる者である！（ダーウィン）

最後に、お忙しいところ、本書の英文校閲をAshley Wilbur先生にお願いし、適切な助言を頂きました。この場を借りて御礼申し上げます。

印牧　敏幸（かねまき　としゆき）

《出身》東京都
《経歴》都内私立高等学校教諭　早稲田予備校講師
　　　　大学受験みすず学苑講師　栄光予備校講師
《専門》英語学・意味論
《論文》"ON THE PRESENT TENSE IN MODERN ENGLISH"
　　　　「受動態について」「コミュニケーション論」
　　　　「ソクラテスの教育的弁証法」他


＊英文校閲者
Ashley Wilbur
《出身》Honolulu, Hawaii
《専門》Degree: Zoology, BA (from the University of Hawaii)

## 速習英文法

2023年11月10日　初版第1刷発行

著　　者　印 牧 敏 幸
発 行 者　中 田 典 昭
発 行 所　東京図書出版
発行発売　株式会社 リフレ出版
　　　　　〒112-0001　東京都文京区白山 5-4-1-2F
　　　　　電話 (03)6772-7906　FAX 0120-41-8080
印　　刷　株式会社 ブレイン